viver AGORA

SARAH SILVERTON
Apresentação de Jon Kabat-Zinn

viver AGORA

Um programa revolucionário de combate ao estresse, à ansiedade e à depressão

EDITORA ALAÚDE

Publicado originalmente no Reino Unido e nos Estados Unidos por Watkins Publishing.

O texto deste livro foi fixado conforme o acordo ortográfico vigente no Brasil desde 1º de janeiro de 2009.

TRADUÇÃO:
Daniel Miranda

PREPARAÇÃO:
Cacilda Guerra

REVISÃO:
Entrelinhas Editorial

FOTO DE CAPA:
curved-light / Alamy

Impresso em Cingapura por Imago

1º edição, 2012

Este livro é uma obra de consulta e esclarecimento. As informações aqui contidas têm o objetivo de complementar, e não substituir, os tratamentos ou cuidados médicos. Elas não devem ser usadas para tratar doenças graves ou solucionar problemas de saúde sem a prévia consulta a um médico.

Dados Internacionais de Catalogação na Publicação (CIP)
(Câmara Brasileira do Livro, SP , Brasil)

Silverton, Sarah
Viver agora : um programa revolucionário de combate ao estresse, à ansiedade e à depressão / Sarah Silverton ; apresentação de Jon Kabat-Zinn. -- São Paulo : Alaúde Editorial, 2012.

ISBN 978-85-7881-122-8

1. Ansiedade 2. Depressão 3. Equilíbrio (Psicologia) 4. Estresse
5. Meditação 6. Relaxamento I. Kabat-Zinn, Jon. II. Título.

12-03384 CDD-158.1

Índice para catálogo sistemático:
1. Equilíbrio psíquico : Técnicas : Psicologia
158.1

2012
Alaúde Editorial Ltda.
Rua Hildebrando Thomaz de Carvalho, 60
04012-120, São Paulo, SP
Tel.: (11) 5572-9474 e 5579-6757
www.alaude.com.br

Sumário

Apresentação

À primeira vista, usar a palavra "revolucionário" em associação a um livro nos dá uma sensação de truque marqueteiro. Mas, neste caso, ela é realmente apropriada. A revolução, no entanto, não é do livro em si, nem do programa que ele descreve. A revolução é um potencial que se encontra dentro de você e em cada um de nós, a todo e qualquer momento.

Em chinês, o ideograma para "revolução" está relacionado com o ideograma "virar", como em "girar," "revolver", "mudar". O que muda com o cultivo da Atenção Plena é a perspectiva de vida, a percepção de quem somos em relação à nossa vida e à dos outros, e o que é possível se estivermos dispostos a prestar atenção ao momento presente, permitindo-nos, ao mesmo tempo, ser francos e abertos. A Atenção Plena catalisa, literal e metaforicamente, uma mudança da consciência. Passamos a viver a vida de forma diferente. Na verdade, essa revolução afeta nossa saúde e bem-estar de forma profunda, e ela vem sendo cada vez mais bem documentada pela investigação científica.

Desejo-lhe tudo de bom ao percorrer essa dimensão oculta mas totalmente acessível de seu próprio ser, conforme for explorando este livro belamente produzido, as práticas de Atenção Plena e os ensinamentos que estão previstos de forma apropriada para que você se envolva e os adapte a suas próprias circunstâncias de vida.

Jon Kabat-Zinn, ph.D.
Professor emérito da Faculdade de Medicina
da Universidade de Massachusetts

Prefácio

Praticamos a Atenção Plena há muitos anos. Ensinamos e damos treinamento nessa técnica no Centro para a Investigação e a Prática da Atenção Plena da Universidade de Bangor, País de Gales, que oferece aulas sobre o tema há mais de dez anos e em uma variedade de configurações em todo o Reino Unido e na Europa.

Algumas de nossas aulas são específicas para pessoas com um problema ou doença particular – talvez um histórico de depressão ou uma doença como o câncer. Outras aulas são abertas a qualquer um que tenha interesse em participar do Programa de Atenção Plena. Espalhadas pelo livro, você vai encontrar histórias de pessoas que frequentaram nossas aulas ao longo dos anos e nos contaram sobre suas experiências com a prática. (Alteramos alguns detalhes para garantir a proteção da privacidade de cada uma delas.)

A Atenção Plena é uma técnica que se mostrou útil para pessoas com diversos problemas, como depressão, ansiedade, dor e fadiga crônicas – para citar apenas algumas –, mas também para todos nós, porque somos humanos. Assim, podemos lutar pela vida com todos os desafios que ela nos traz. Essa forma de atenção pode nos ajudar a viver a vida em sua totalidade, com maior habilidade, facilidade e flexibilidade. Esperamos com este livro apresentar-lhe a Atenção Plena tanto do ponto de vista teórico como através da experiência real. Ela pode nos ajudar a descobrir coisas sobre nós mesmos e a encontrar, a partir desse conhecimento, maneiras de alterar o modo como vivemos.

A prática é um aspecto essencial da aprendizagem da Atenção Plena – entender apenas a teoria não nos garante uma compreensão completa de todas as suas nuances. Este livro contém exercícios que demonstram a Atenção Plena, mas é recomendável que você frequente uma aula com um professor experiente na técnica.

A prática da Atenção Plena não é apropriada para todos e pode não ser adequada para a fase atual de sua vida. Ela nos convida a dirigir a atenção para nossas experiências, incluindo seus aspectos mais difíceis; assim, se você estiver se submetendo a tratamento médico ou psicológico, é importante procurar o conselho de um profissional antes de iniciar a prática.

Parte I

O que é a Atenção Plena

Quando estamos
atentos,
despertamos para
o que nossos sentidos
nos dizem.

01.

Introdução à Atenção Plena

Sarah Silverton

Quando estamos plenamente atentos, percebemos os detalhes de nossas experiências tal como elas são agora, sem julgá-las ou tentar mudá-las imediatamente.

A evolução da Atenção Plena

A meditação da Atenção Plena vem se desenvolvendo ao longo de mais de 2.500 anos. Suas raízes são encontradas na filosofia oriental, mas ela tem crescido rapidamente no mundo ocidental e agora está se tornando uma prática secular, ou não religiosa, recomendada nos sistemas de saúde, de assistência social, de educação e de negócios de vários países.

As ideias centrais dos programas de Atenção Plena atuais são encontradas nos primeiros ensinamentos budistas e baseiam-se na compreensão de que todos os seres humanos experimentam o próprio mundo de certas maneiras.

- Como seres humanos, todos temos a experiência de considerar insatisfatórios alguns aspectos de nós mesmos ou de nossa vida. Por vezes as coisas não correm exatamente como desejamos, e essa é uma situação natural e esperada da vida.
- Quando isso acontece, é da natureza humana querer a mudança. Às vezes empregamos muita energia para afastar, lutar e resistir contra experiências pelas quais estamos passando. Se gostamos de nossa experiência, tentamos nos agarrar a ela e manter o *status quo* pelo maior tempo possível. Quando as coisas não são satisfatórias nem correm do modo que desejamos, tendemos a nos desligar dessas experiências e não percebê-las.
- Ao praticar a Atenção Plena, descobrimos e passamos a compreender profundamente que essas tendências humanas podem causar sofrimento; em vez de acreditarmos que somente os eventos externos causam sofrimento e infelicidade, começamos a perceber o papel que cada um de nós desempenha nisso.
- Então passamos a ser capazes de decidir como abordar nossas experiências e como agir. Decidir despertar para nossas experiências através da plena atenção pode realmente nos ajudar.

Os princípios da Atenção Plena são conhecidos como as Quatro Nobres Verdades. Originários do budismo, eles têm sido usados com êxito em programas de ensino de Atenção Plena no Ocidente. É importante ressaltar que não é preciso tornar-se budista para aprender sobre a Atenção Plena. Seus princípios apenas oferecem uma compreensão das maneiras pelas quais criamos o sofrimento e podemos reagir a ele.

A Atenção Plena nos faz perceber nossa tendência natural de reagir a tudo automaticamente. Ela nos encoraja a explorar a possibilidade de não reagir somente por hábito. Sua prática nos ensina a ver as coisas claramente e a desenvolver a habilidade de escolher uma resposta para as situações sempre que nos encontramos postergando alguma coisa, lutando contra ela ou nos apegando a ela.

Programa de Redução do Estresse com Base na Atenção Plena (MBSR)

Na década de 1970, Jon Kabat-Zinn, biólogo molecular com experiência em meditação budista, começou a desenvolver e divulgar uma versão não religiosa da meditação. A partir de 1979, seu programa de redução de estresse e relaxamento, composto de oito aulas semanais para pacientes clínicos (que viria a ser conhecido como Programa de Redução do Estresse com Base na Atenção Plena, ou MBSR [sigla do inglês Mindfulness-Based Stress Reduction]), passou a ser oferecido no hospital do Centro Médico da Universidade de Massachusetts, em Worcester, para indivíduos com uma ampla gama de doenças crônicas. Tendo experimentado as soluções médicas disponíveis, essas pessoas não tinham mais perspectiva de tratamento e precisavam lidar com seus sintomas crônicos no corpo e na vida da melhor forma possível.

A maioria das pessoas tem muita fé na cura dos problemas de saúde físicos e mentais pelos médicos. Em geral esperamos que o profissional nos proporcione uma melhora completa, e nosso próprio papel nesse processo não é central. No entanto,

Kabat-Zinn propôs uma abordagem radicalmente diferente, que não consistia na oferta de nenhuma "correção" ou cura; em vez disso, os próprios pacientes passavam a prestar atenção aos detalhes de suas dificuldades e a encontrar novas formas de responder a elas.

Ele desenvolveu um programa em que as pessoas assistiam a aulas semanais de duas horas, durante oito semanas. Entre uma aula e outra, elas eram orientadas a praticar a Atenção Plena diariamente, em casa. Os participantes enfrentavam estados de saúde muito variados, como dor crônica, problemas cardíacos, artrite, câncer, ansiedade e psoríase. Como era impossível abordar cada um desses problemas separadamente em sala de aula, Kabat-Zinn explorava a *natureza comum do sofrimento humano*, em vez de seu gatilho externo. O grupo se apoiava mutuamente na investigação ativa das experiências resultantes de cada momento – experiências relacionadas não apenas com o estado de saúde específico de cada um, mas também com outros aspectos da vida. A mensagem de Jon aos participantes era: "Há mais coisas certas do que erradas em você". Ele ressaltava que estar sempre preocupado com as coisas que estão erradas, que precisam ser mudadas ou que deveriam ser diferentes faz perder os muitos aspectos de nossa vida que são agradáveis, satisfatórios e "corretos".

Kabat-Zinn e seus colegas do Centro para a Atenção Plena em Medicina, Saúde e Sociedade continuam a oferecer aulas de MBSR, treinando pessoas para ensinar essa abordagem em todo o mundo e dar continuidade às pesquisas.

Outras técnicas surgiram a partir da base sólida da MBSR. Elas normalmente combinam a Atenção Plena com outros tipos de terapia, ou adaptam o programa para pessoas com necessidades específicas.

Terapia Cognitiva com Base na Atenção Plena (MBCT)

A Terapia Cognitiva com Base na Atenção Plena, ou MBCT [do inglês Mindfulness-Based Cognitive Therapy] foi adaptada da MBSR, mas também inclui ideias e práticas da Terapia Cognitivo-Comportamental (TCC). Desenvolvida no Reino Unido e no Canadá por Mark Williams (Universidade de Bangor e, em seguida,

"Há mais coisas
certas do que erradas
em você."

Jon Kabat-Zinn

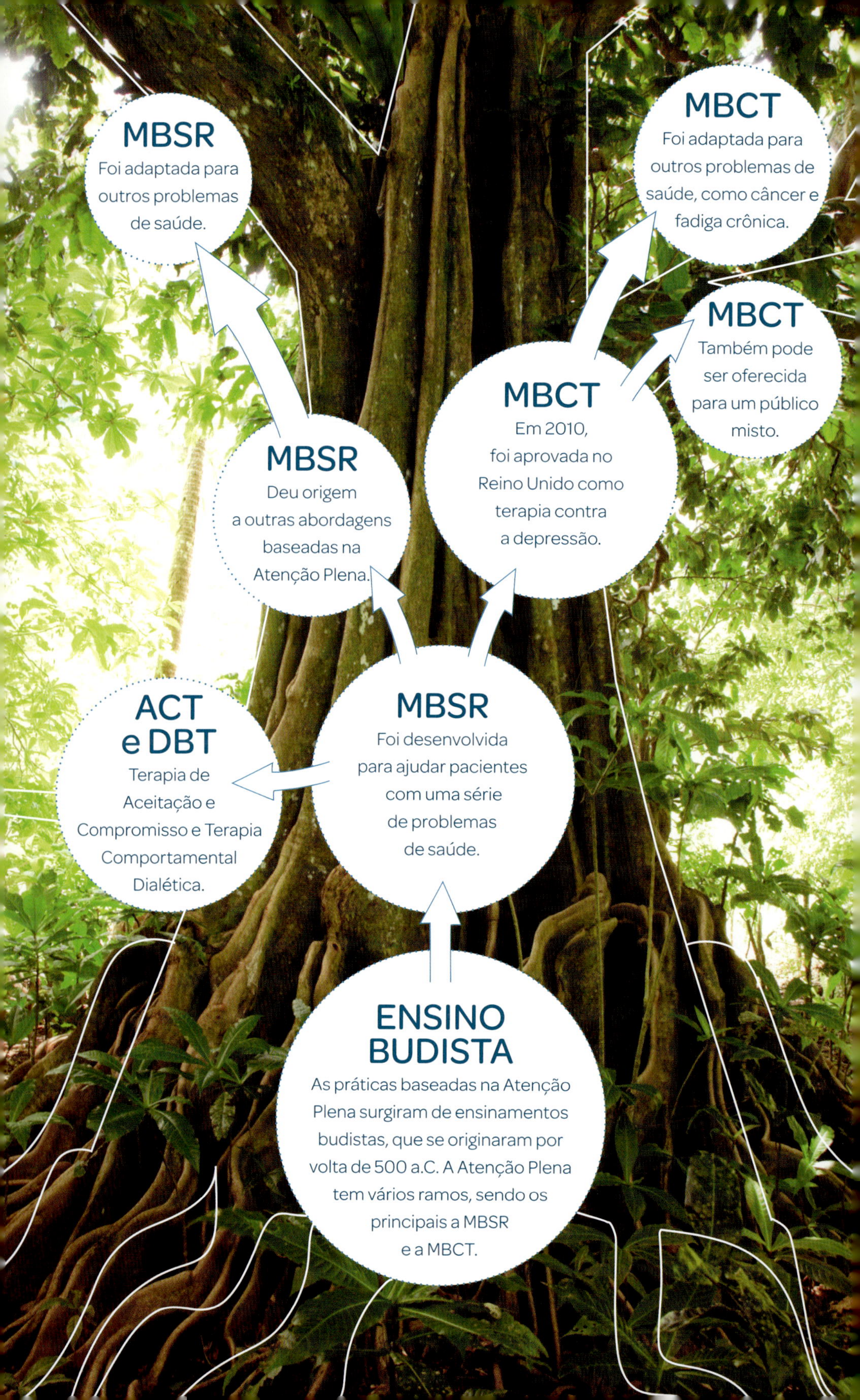
MBSR
Foi adaptada para outros problemas de saúde.
MBCT
Foi adaptada para outros problemas de saúde, como câncer e fadiga crônica.
MBCT
Também pode ser oferecida para um público misto.
MBSR
Deu origem a outras abordagens baseadas na Atenção Plena.
MBCT
Em 2010, foi aprovada no Reino Unido como terapia contra a depressão.
ACT e DBT
Terapia de Aceitação e Compromisso e Terapia Comportamental Dialética.
MBSR
Foi desenvolvida para ajudar pacientes com uma série de problemas de saúde.
ENSINO BUDISTA
As práticas baseadas na Atenção Plena surgiram de ensinamentos budistas, que se originaram por volta de 500 a.C. A Atenção Plena tem vários ramos, sendo os principais a MBSR e a MBCT.

Oxford), John Teasdale (Universidade de Cambridge) e Zindel Segal (Universidade de Toronto), proeminentes terapeutas de TCC, ela foi concebida como um programa de tratamento para pessoas com histórico de depressão. Na época (início de 1990), a depressão era sempre tratada com medicamentos, de modo que uma abordagem psicológica na prevenção de recaídas era uma novidade.

A Terapia Cognitivo-Comportamental já era conhecida por ajudar pessoas com doença depressiva aguda. Familiarizados com o trabalho de Kabat-Zinn, os pesquisadores Segal, Teasdale e Williams investigaram como a TCC e a Atenção Plena poderiam ser incluídas em seu novo programa para a prevenção de recidivas. O programa combinou as duas abordagens, com predominância da Atenção Plena, mantendo grande parte da estrutura e das intenções da MBSR (ainda que sob medida para os pacientes escolhidos).

Segal, Teasdale e Williams realizaram pesquisas de 1995 a 1999 e concluíram que a MBCT fez diminuir aproximadamente pela metade a probabilidade de recidivas nos casos em que os participantes já haviam tido três ou mais episódios de depressão. Esses resultados foram replicados por Teasdale e Helen Ma em 2002.

A MBCT tem agora uma base de evidências sólida e crescente. Em 2010, foi recomendada no Reino Unido pelo National Institute for Health and Clinical Excellence – NICE como tratamento de escolha para a doença depressiva recorrente. Em 2010, Willem Kuyken, professor de psicologia clínica e cofundador do Centro de Transtornos do Humor da Universidade de Exeter, descobriu que, quando os pacientes preenchem os critérios para a MBCT e as aulas são oferecidas por professores com formação nessa prática, ela passa a ser uma alternativa importante à medicação antidepressiva.

Desde então, a Terapia Cognitiva com Base na Atenção Plena foi adaptada por outros terapeutas, como Trish Bartley (Centro de Prática e Pesquisa de Atenção Plena) e Christina Surawy (Centro de Atenção Plena de Oxford), para pessoas com câncer e fadiga crônica. A Atenção Plena é fundamental em muitas técnicas terapêuticas, entre elas a Terapia de Aceitação e Compromisso, a Terapia Comportamental Dialética e a Prevenção de Recidivas com Base na Atenção Plena. As técnicas baseadas na Atenção Plena continuam a crescer e evoluir.

A experiência da Atenção Plena

Ter Atenção Plena é, na verdade, algo que fazemos naturalmente na infância. Quando estamos plenamente atentos, percebemos os detalhes de nossas experiências tal como elas são agora, sem julgá-las ou tentar mudá-las imediatamente. Às vezes, a Atenção Plena é descrita como "ver com clareza".

Se você observar as crianças ou os animais explorando seu mundo, vai reparar que eles são curiosos, estão totalmente absortos no momento presente, ocupados com suas atividades e brincando em sua exploração. As experiências são novas, fascinantes e ricas em possibilidades. Esse tipo de atenção é o que desejamos reacender em nós mesmos quando adultos por meio da prática da Atenção Plena. Vamos aprender a desenvolver a curiosidade e a capacidade de observar o que se passa dentro e em torno de nós, voltando-nos para as muitas experiências de ser/estar no momento.

Já adultos, somos treinados para analisar e dar sentido a nossas experiências, na maior parte do tempo apenas pensando sobre elas. Não somos encorajados a brincar, explorar ou realmente experimentar nosso mundo. Uma vez que a mente rotule e compreenda uma experiência conceitualmente, isso é suficiente.

Estando atentos, despertamos para o que nossos sentidos nos dizem. O corpo e a mente recebem informações o tempo todo, atualizando-as a cada momento. Isso acontece automaticamente e sem qualquer esforço de nossa parte. A Atenção Plena convida-nos a nos religarmos a essas informações, usando a visão, a audição, o olfato, o paladar e o tato. Quando estamos plenamente atentos, conseguimos prestar atenção a cada experiência. Nós despertamos para a experiência de nós mesmos em nossa vida.

Camadas da experiência

O diagrama abaixo mostra como recebemos uma situação e respondemos a ela. O centro representa as sensações que afetam diretamente nosso corpo físico e nossas emoções. Esse é o núcleo estável para o qual, na prática da Atenção Plena, voltamos sempre que precisamos nos reconectar e prestar atenção ao momento.

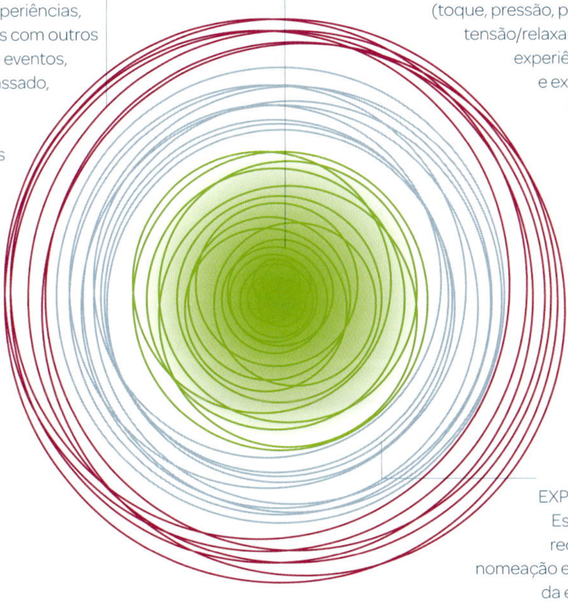

Na Atenção Plena, reconhecemos três camadas da experiência. Muitas vezes a mente nos leva para a camada conceitual externa, a dos pensamentos sobre significados e associações. A Atenção Plena nos faz perceber como a mente é construída por nossa experiência direta com rótulos e histórias, que podem nos levar para bem longe e desconectar-nos do momento presente. A Atenção Plena nos ajuda a manter o núcleo estável da experiência direta.

Exercício: Sintonizar com o estar sentado

Agora convidamos você a praticar a Atenção Plena sintonizando sua vivência assim como ela transcorre neste momento. Você ficará cinco minutos somente observando tudo o que perceber sobre a experiência de estar sentado.

1 Observe as sensações ao sentar-se – os pés fazendo contato com o chão, as nádegas sobre o assento da cadeira ou da almofada. Há alguma sensação de pressão ou talvez de dureza ou maciez?

2 Você consegue sentir alguma diferença de temperatura entre as partes do corpo e as diversas superfícies que elas estão tocando?

3 Seu corpo parece grande ou pequeno em comparação com a cadeira em que você está sentado?

4 Você está ouvindo algo? Quais são os diferentes sons que você percebe em seu entorno?

5 O que mais você percebe ao permanecer sentado por mais alguns momentos?

6 Não é necessário alterar nada em sua experiência – apenas observe-a.

Às vezes a
Atenção Plena
é descrita como
"ver com clareza".

A Atenção Plena e o cérebro

As últimas pesquisas da neurociência mostram que o cérebro humano pode mudar sua estrutura e atividade (o que é chamado neuroplasticidade) e que essa mudança está diretamente ligada ao modo como o utilizamos.

Diversos estudos em neurociência foram feitos com praticantes de meditação da Atenção Plena. Em 2003, Richard Davidson, Jon Kabat-Zinn e colegas descobriram que, ao participar do programa de oito semanas de Redução do Estresse com base na Atenção Plena, pessoas treinadas para meditar mostraram alterações importantes na ativação do córtex pré-frontal.

Verificou-se uma ativação maior do lado esquerdo em áreas fundamentais do cérebro associadas com a regulação das emoções, sugerindo um aumento na capacidade de lidar com situações de forma mais positiva e equilibrada. As alterações encontradas ainda estavam evidentes quando as pessoas foram testadas novamente quatro meses mais tarde. Esse importante estudo também associou esse padrão de ativação com uma resposta imunológica mais forte nos praticantes de meditação estudados (em seguida a uma vacina contra gripe aplicada no final do treinamento de MBSR).

O estudo de Sara Lazar, feito em 2005 com meditadores experientes, encontrou alterações na espessura do córtex cerebral, sendo que em algumas áreas a espessura era equivalente à prevista para pessoas vinte anos mais jovens. Isso sugere que entre os meditadores experientes pode ocorrer uma desaceleração do afinamento natural que acontece em algumas áreas do cérebro. Britta Holzel, Sara Lazar e colegas (2009, 2010 e 2011) ajudaram a elucidar os efeitos da meditação no cérebro. Outras alterações incluem espessamento do hipocampo e afinamento da amígdala.

Esses estudos sugerem que aprender a meditar pode alterar a estrutura e a atividade do cérebro, e que essas alterações afetam positivamente nosso bem-estar. Isso é muito encorajador.

Embora ainda existam muitas dúvidas sobre os detalhes de tais alterações e sobre como as várias áreas do cérebro se inter-relacionam, esses estudos são muito animadores. As áreas do cérebro vinculadas à regulação das emoções parecem ser particularmente influenciadas pela prática da meditação.

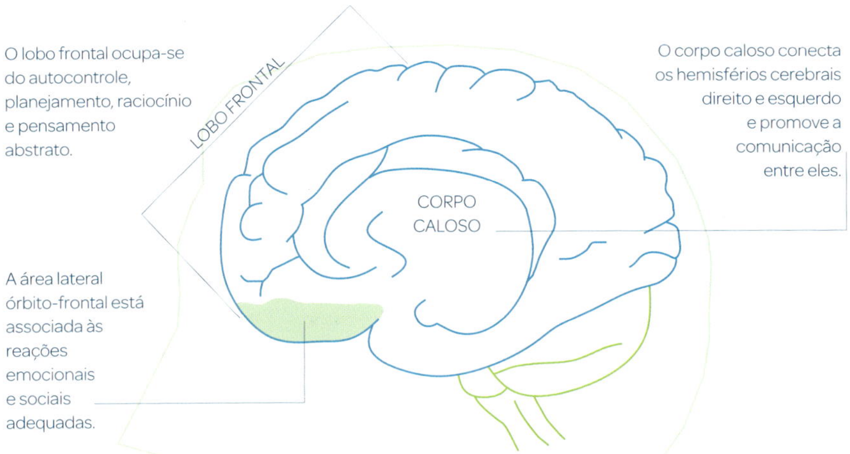

Conexões entre mente e corpo

No Ocidente, consideramos a mente e o corpo entidades separadas (em contraste com a abordagem mais holística de países do Oriente). Os serviços médicos são um claro reflexo disso, com muitas especialidades diferentes e médicos que têm experiência em um único órgão do corpo. Dá-se muito pouca atenção ao modo como corpo e mente se inter-relacionam e funcionam como um todo.

Alguns estudos mostram maneiras interessantes pelas quais corpo e mente podem se influenciar. Em um deles, pacientes em tratamento de psoríase descobriram que a prática da Atenção Plena, junto com a terapia de luz padrão oferecida para esse problema, ajudava a cicatrizar a pele mais depressa. Em outro, constatou-se que, quando as pessoas estão mais bem informadas e envolvidas em seu tratamento, melhoram mais rapidamente. Descobriu-se também que aquilo que sentimos pelo ambiente físico em que somos tratados influi na recuperação.

A Atenção Plena na vida cotidiana

A Atenção Plena oferece uma maneira de compreender as alegrias e as dificuldades de sermos humanos. Enquanto vivemos neste corpo/mente formado pela evolução, a Atenção Plena nos permite responder com habilidade às tendências habituais e viver a vida mais plenamente e com mais facilidade.

Partilhamos nossa humanidade com as outras pessoas, mas somos indivíduos com diferentes experiências, comportamentos e atitudes. A prática da Atenção Plena nos ajuda a encontrar um caminho próprio.

Histórias

Matthew trabalhava duro para bancar as coisas que, segundo acreditava, lhe trariam felicidade. Quando ele as adquiria, não conseguia entender por que elas não o deixavam feliz, e passava a trabalhar ainda mais arduamente para poder comprar mais. Para sua surpresa, ele descobriu, por meio da prática da Atenção Plena, que havia muitas coisas em sua vida – tal como era naquele momento – que eram perfeitas. A consciência adquirida permitiu-lhe começar a apreciar o que ele já tinha.

Ellen sofria de fadiga crônica havia muitos anos. Mãe de dois filhos, trabalhava duro para mostrar a si mesma e aos outros que podia lidar com a situação. A prática da Atenção Plena ensinou-lhe a prestar atenção ao que o corpo lhe dizia. Ao ouvi-lo, descobriu que poderia reagir de maneira apropriada ao cansaço, descansando por algum tempo quando começava a se sentir exausta. Ela percebeu que isso parecia oferecer-lhe mais energia. Ellen também notou que passou a ter grande prazer em *estar com* os filhos, em vez de apenas *fazer coisas* para eles.

Joe sentia uma dor crônica proveniente de uma lesão nas costas. Ele lidava com isso limitando suas atividades, a fim de reduzir a possibilidade de sofrer novas lesões e sentir dor. Sua vida se tornou restrita e sem alegria. Por meio da Atenção Plena, ele descobriu que poderia explorar a dor, familiarizar-se com ela e reconhecer seus padrões. Isso aos poucos lhe permitiu enfrentá-la de forma gentil, em vez de lutar contra a sua existência. Ao realmente conhecer a dor, ele pôde escolher como responder a ela. Joe ficou surpreso de perceber que, mesmo tendo retomado as atividades normais da vida, sua experiência de dor havia diminuído.

Henry cuidava da esposa, que tinha esclerose múltipla há muito tempo. Sua vida era dedicada a cuidar dela e da casa. Com a prática da Atenção Plena, ele passou a perceber e realmente saborear os momentos bonitos que ainda existiam na vida de ambos, apesar da doença. Descobriu que podia reconectar-se com a esposa como pessoa, e não como paciente de esclerose múltipla. Podia passar o tempo vendo o pôr do sol e os pássaros no jardim, criando oportunidades para desfrutar tanto da música como do sol. Henry disse que parou de esperar o momento de viver a vida e decidiu vivê-la assim mesmo.

Fiona teve uma infância difícil. Ela frequentou muitas sessões de terapia ao longo dos anos para tentar entender por que se sentia triste a maior parte do tempo. A prática da Atenção Plena permitiu-lhe ver quanto tempo ela perdera pensando apenas no passado e como isso a fizera infeliz. Aprender a se concentrar em como as coisas eram no momento presente a ajudou a abandonar os pensamentos que haviam dominado sua existência. Ela começou a viver a vida aqui e agora. Quando as lembranças apareciam, ela era capaz de reconhecê-las, mas, em seguida, reconectava-se à realidade de sua experiência atual e via que a vida estava correndo realmente muito bem no presente.

Apesar dos problemas que possam aparecer, saboreie os surpreendentes e belos momentos da vida.

Benefícios da Atenção Plena

A seguir, algumas maneiras pelas quais a Atenção Plena reconhecidamente nos ajuda:

CONEXÃO

A Atenção Plena pode nos ajudar a sentir uma ligação maior com nós mesmos e com as experiências do corpo e da mente. Podemos também nos sentir mais conectados com as pessoas que nos rodeiam e com o mundo em que vivemos.

PERSPECTIVA

Podemos dar um passo para trás e ver as coisas com mais clareza. A Atenção Plena nos ajuda a enxergar o quadro completo, que inclui o que *vai bem* e o que vai mal. Ela pode nos abrir para experiências agradáveis, oferecendo, talvez, uma visão mais equilibrada de como a vida é a cada momento. Podemos também reconhecer que as dificuldades podem surgir de nossas próprias reações, em vez de serem resultados de forças externas (e, portanto, fora de nosso controle).

ESCOLHA

Podemos ter mais escolhas de onde focar a atenção e aprender a nos abrir e ser receptivos para as informações que ela nos apresenta. A Atenção Plena também aumenta nosso repertório de formas de gerenciamento das dificuldades, dando-nos uma gama maior de respostas. Aprendemos a responder aos fatos com sabedoria, em vez de reagirmos como de hábito. Passamos a ter mais controle sobre nossa vida e reduzimos nossa dependência dos outros.

AUTOCONHECIMENTO

Ao praticar a Atenção Plena, passamos muito tempo observando e nos familiarizando com todas as nossas experiências – incluindo as situações difíceis na vida – e aprendemos a reconhecer como seus diferentes aspectos estão interligados. Aprendemos muito sobre nossos padrões e hábitos.

A profundidade e os detalhes da experiência, que são conhecidos por meio de nossos pensamentos mas também por meio de sensações, podem auxiliar muito nossa compreensão. Podemos ver como a situação muda e se desenrola continuamente ao longo do tempo.

BONDADE/AUTOCOMPAIXÃO

Aprender a cuidar de si mesmo é um aspecto muito importante da Atenção Plena. Aprender a se valorizar e a responder a si mesmo com gentileza é, com frequência, algo que as pessoas têm dificuldade de fazer. Por meio da prática da Atenção Plena, aprendemos a cuidar de nós mesmos em momentos de dificuldades e sofrimento. Conseguimos perceber quando estamos sendo autocríticos e sentir o impacto disso. Aprendemos que, em vez de autocríticos, podemos ser amáveis. Ao nos sintonizarmos com nossa experiência, desenvolvemos a capacidade de escolher atividades que nos alimentam e nos dedicar menos àquelas que nos empobrecem.

MUDAÇA DAS MARCHAS MENTAIS

Neurologicamente, parece que a Atenção Plena nos permite mudar para uma "marcha mental" diferente – uma marcha em que vemos com clareza como as coisas são *agora* – e encontrar respostas adequadas e criativas, relevantes e úteis.

A Atenção Plena, portanto, não é simplesmente uma técnica que pode ajudar pessoas com problemas de saúde específicos a lidar com seus sintomas. Na verdade, a Atenção Plena é muito mais uma *forma de viver* – ou seja, uma opção que está disponível para todos os seres humanos.

A Atenção Plena aprende-se com o tempo e a prática, de modo que possamos utilizá-la não só quando a vida está difícil (como inevitavelmente será o caso para todos nós em algum momento), mas também – o que é importante – quando a vida está boa, permitindo-nos participar plenamente de cada momento.

02.

Prestar atenção de forma plena

Sarah Silverton

A Atenção Plena
nos permite escolher
onde focar a atenção,
abrindo-nos para
os detalhes e a riqueza
de nossa vida.

Como focar a atenção no momento

Quando começamos a praticar a Atenção Plena, com frequência levamos um susto ao descobrir que nossa mente está em outros lugares que não pertencem ao momento presente. É comum passarmos o tempo pensando sobre o futuro: o que faremos em seguida, planejando ou antecipando eventos, e até mesmo nos preocupando.

Ou então ficamos pensando a respeito do passado, lembrando e processando experiências que já aconteceram. Isso é o que a mente faz – e é perfeitamente normal –, mas o resultado é que a todo momento perdemos a experiência de estar aqui neste momento.

No piloto automático

Talvez você conheça a sensação de ler um livro e perceber que virou as páginas sem ter ideia do que acabou de ler. Volta e meia não conseguimos trazer à mente os pensamentos que tivemos nesse momento. Nessa situação, não escolhemos para onde a mente vai e passamos a operar no "piloto automático".

Somos constantemente incentivados a ser multitarefa e desenvolvemos a capacidade de fazer várias coisas ao mesmo tempo. Enquanto tomamos o café da manhã, arrumamos pastas e mochilas para o trabalho ou a escola, ouvimos rádio, conversamos ou lemos o jornal. Nossa atenção fica tão dividida que só obtemos vislumbres de cada uma dessas atividades – grande parte delas acontece por pura força do *hábito*.

É verdade que a capacidade da mente de estar com o piloto automático ligado é essencial, pois ela nos permite lidar com todos os tipos de informações que nos chegam e administrar tarefas complexas e rotineiras.

Quando aprendemos a dirigir, no início sentimos como se precisássemos de dez braços e pernas, mas com o tempo aprendemos a realizar todos os movimentos para controlar o carro com segurança sem ter de pensar conscientemente em cada ação. É necessário que a mente seja capaz de "*se habituar*", mas muitas vezes entramos nesse modo de nos relacionar com as atividades e experiências sem realmente ter escolhido fazê-lo.

A Atenção Plena nos permite decidir onde concentrar a atenção, despertando-nos para detalhes da experiência que podemos estar perdendo há anos. Conforme aprendemos a estar plenamente atentos, *escolhemos* focar a atenção onde quisermos. Ainda podemos operar no piloto automático, mas também somos capazes de mudar a marcha mental quando desejarmos. Em vez de os cavalos estarem no controle da carruagem, aprendemos a tomar as rédeas para guiá-la sempre que necessário.

Quando operamos no piloto automático, tendemos a reagir por hábito, sem acesso ao quadro completo. Mas, ao perceber todos os detalhes em torno de nós em determinado momento, conseguimos nos beneficiar de uma gama maior de escolhas quando se trata de lidar com nossas experiências.

Nossos padrões de comportamento também podem causar problemas. Certos hábitos podem até estar superados, mas, devido à sua natureza automática, não estamos cientes disso. Pense nisso como o ato de vestir roupas que já não servem mais!

Hábitos do pensamento

A partir do momento em que nascemos, aprendemos a adaptar nosso comportamento para atender às necessidades da mente e do corpo e, assim, permanecer vivos. Aprendemos a nos relacionar com o mundo e com as pessoas importantes nele para sermos alimentados e protegidos. Esse é um processo ativo em todos nós, e os seres humanos aprendem depressa o que têm de fazer para que essas necessidades sejam atendidas. Aprendemos a agir de determinada maneira e a jogar com determinadas "regras". Por exemplo:

- Fazer as coisas com perfeição.
- Sermos fortes e não mostrar nossos sentimentos ou fraquezas.
- Esforçarmo-nos com afinco em tudo o que fazemos.
- Tentar agradar às outras pessoas mais do que a nós mesmos.

Você reconhece alguma dessas características em si mesmo? Já notou o que acontece quando "desobedece" a essas regras?

Quando não percebemos esses hábitos do pensamento, eles podem conduzir nosso comportamento de modo a nos sentirmos presos a padrões inúteis de ações e relações. Por outro lado, despertar para a atividade da mente pode ser muito libertador e abrir novos e intermináveis caminhos e possibilidades.

Hábitos do corpo

Temos também muitos hábitos relacionados ao corpo. Alguns locais podem ficar tensos, como os ombros, a testa ou o estômago. Às vezes temos consciência dessa tensão, mas em geral ela só se torna aparente depois de muito tempo, quando o corpo reclama em voz alta. Dores no pescoço e nas costas são comuns, assim como a síndrome do intestino irritável, todos associados à tensão corporal crônica.

De tempos em tempos, paramos de prestar atenção às mensagens do corpo, ou simplesmente as ignoramos. Até as mensagens básicas, como estar com sede ou precisando ir ao banheiro, podem ser postas de lado no meio de nossa vida agitada.

Nas ocasiões em que escutamos o corpo, reagimos de maneiras que parecem úteis a curto prazo. No entanto, em geral não lidamos com a dificuldade do melhor modo possível. Beber muito vinho ou largar-se em frente à televisão depois de um dia estressante lhe soa familiar? Essas soluções podem fazer algum bem no momento, mas muitas vezes não respondem completamente à necessidade física ou emocional que está sendo ressaltada por seu corpo.

Podemos também ser muito hábeis em nos distrair das mensagens corporais. Com frequência, escolhemos não escutar o que o corpo nos diz.

O corpo é sábio e pode nos informar com detalhes o que estamos sentindo (física e emocionalmente) e o que precisamos em dado momento. Ao nos reconectarmos com essas informações, podemos responder rapidamente e de forma adequada a nossas necessidades. A Atenção Plena nos permite fazer isso.

Tensão do corpo

Tendemos a criar muita tensão na cabeça, no pescoço, nos ombros, no abdômen e na parte inferior das costas, o que resulta em dor e rigidez. A Atenção Plena ajuda-nos a perceber onde a tensão está se manifestando para que possamos, então, responder a ela da forma mais adequada.

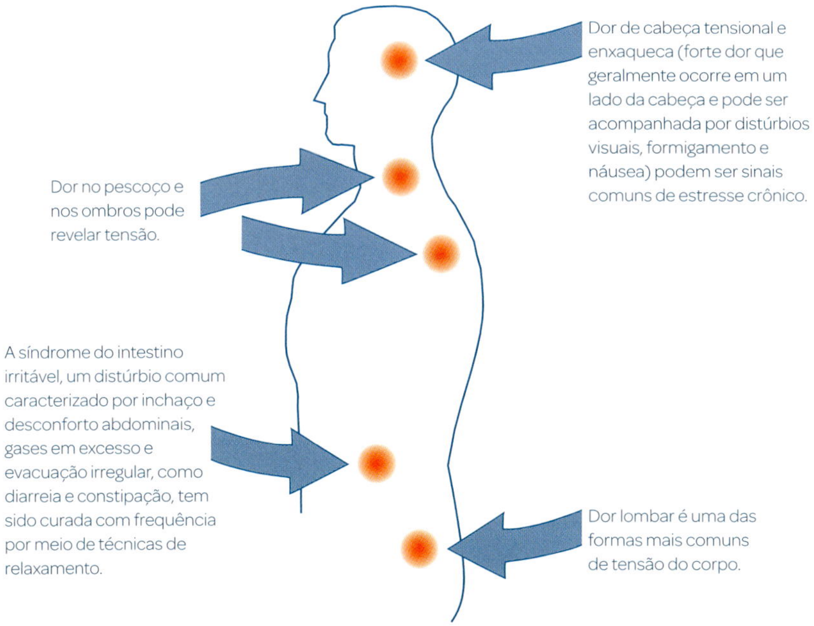

A mente: modalidades do fazer e do ser

Você escreve listas para ajudá-lo a se lembrar de todas as suas tarefas ou obrigações? Você se percebe pensando e se preocupando com as coisas que precisam ser feitas?

Vivemos ocupadíssimos, envolvidos em uma infinidade de atividades, tarefas e obrigações, com agenda cheia do minuto em que acordamos até a hora de dormir. E vivemos fazendo listas:

Alimentar o gato
Colocar o lixo para fora
Pagar as contas
Comprar comida
Alimentar a família
Limpar a casa
Ir trabalhar... e tudo o que isso implica!

A "mente do fazer" nos permite conservar o foco na conclusão de tarefas. Ela nos mantém nos trilhos para que possamos nos lembrar de nosso objetivo final e prosseguir até que ele seja alcançado. Se estivermos viajando para algum lugar, a mente vai manter o destino escolhido "armazenado" até a chegada – nesse ponto ela vai focalizar a próxima tarefa. É evidente que, sem essa capacidade, seria muito difícil passar pelas complexidades do dia; poderíamos nos vestir pela metade, nos perder a caminho do trabalho ou deixar o jantar queimar.

A mente do fazer é muito importante, mas a plena atenção nos permite perceber que às vezes usamos essa modalidade da mente de forma pouco útil. Como estamos focados em atingir um objetivo, perdemos muitos detalhes de nossa experiência – alguns dos quais poderia ser muito útil perceber.

É a “mente do ser” que nos permite estar presentes nos detalhes da experiência, quando estamos parados ou quando estamos fazendo algo. Quem nada para melhorar a forma física, por exemplo, usa a mente do fazer para contar quantas piscinas já percorreu e manter um olho no tempo. Se o mesmo nadador usasse a mente do ser, experimentaria o nado propriamente dito, percebendo as sensações em seu corpo ao se movimentar através da água, vendo e ouvindo o que estava acontecendo em torno dele.

É comum acionarmos a mente do fazer em momentos em que essa modalidade não é a mais adequada para estar em funcionamento. Ficamos ocupados em *fazer* quando isso não é necessário. Somos conduzidos a achar que é difícil desligar, porque a mente do fazer fica nos dizendo que o trabalho ainda não está concluído. Tornar-se consciente de qual modalidade da mente estamos usando, por meio da prática da Atenção Plena, nos permite escolher mudar para o modo mais adequado a determinada tarefa.

Richard gostava de caminhar no parque atrás de sua casa. Ele escolheu essa atividade como uma maneira de reduzir seu nível de estresse após o trabalho. Richard ficava surpreso e preocupado porque não se sentia relaxado ou renovado depois dos passeios. Poucas semanas depois de começar a praticar a Atenção Plena, ele relatou na aula uma descoberta importante. Tinha percebido que antes fazia caminhadas só por *fazê-las*: elas tinham se tornado apenas outra tarefa a ser concluída. Richard percebeu que estava muito focado em voltar para casa e dar cabo das obrigações que esperavam por ele. Notou também que, enquanto caminhava, começava a pensar no trabalho e repetidamente matutava sobre os mesmos problemas. Ficara tão concentrado nesses pensamentos que ainda não percebera as árvores e as flores da primavera. Não percebera a vida selvagem ou os cachorros brincando, e não tinha percebido as pessoas ao passar por elas no parque.

Com a mente do fazer, podemos nos concentrar apenas em coisas que não são como deveriam, em querer que as coisas fossem diferentes. Isso é evidente no Ocidente pela forma como compramos mercadorias para "melhorar" a vida. Mas elas muitas vezes não nos satisfazem e queremos mais. Ao envolver a mente do fazer em nossos estados emocionais, podemos ser lembrados de nossa infelicidade, raiva ou medo, vendo apenas a lacuna entre o que sentimos agora e um estado de felicidade almejado. A mente do fazer continuará a nos dizer que ainda não chegamos ao destino.

Richard descobriu muitas coisas ao começar a caminhar de forma atenta:

- Podia escolher o trajeto da caminhada em vez de deixar o hábito guiar seus pés.
- Passou a ver os ricos detalhes da paisagem e da vida selvagem.
- Reparou na cor das folhas e no cheiro da terra úmida.
- Ouviu o canto dos pássaros e o vento.
- Sentiu os movimentos do corpo e pôde diminuir ou aumentar o passo dependendo do que seu corpo lhe dizia.
- Conseguiu sentir os pés no chão e o ar contra a pele.
- Observou as outras pessoas que passavam e viu seus cães desfrutando da caminhada e brincando com galhos.

O foco nesses detalhes significava que sua mente estava muito menos ligada a suas lembranças ou a preocupações com o trabalho. Sua mente estava explorando ativamente a experiência, e, como havia tanto espaço em sua atenção, outros pensamentos periféricos não conseguiam encontrar brechas para se estabelecer. Ele relatou que caminhar dessa maneira realmente o deixava renovado.

Estar consciente e desperto para cada situação parece simples, mas é, na verdade, muito diferente da forma como em geral agimos. Fomos treinados para tentar melhorar constantemente nossa experiência e a nós mesmos. A prática da Atenção Plena nos encoraja, como um primeiro passo, não a alterar a experiência, mas a enxergá-la com clareza, porque ela já existe neste momento.

Escolha onde focar a atenção

Pode ser útil pensar em seu foco de atenção como o feixe de luz de uma lanterna. O que você aprende a fazer à medida que pratica a Atenção Plena é controlar a direção e a amplitude do feixe de luz.

- Você vai descobrir como direcionar a luz para o "objeto da consciência" (o que você escolheu para prestar atenção).
- Vai descobrir que pode aproximar a luz para ver detalhes precisos ou distanciá-la para ter uma visão geral.
- Basta apontar o feixe da atenção para *receber* a "imagem".
- A habilidade que você desenvolve conforme pratica a Atenção Plena é manter o feixe na direção que escolher e receber informações detalhadas sobre o que há ali.

Como responder à experiência

Ao praticar a Atenção Plena, você aprende a reconhecer quais circunstâncias em sua vida exigem ação ou não e quais tipos de respostas serão as mais adequadas.

Muitas vezes achamos que também podemos trazer a modalidade do fazer para a prática da Atenção Plena. Notamos que temos um objetivo em mente sobre como *devemos* pensar ou sentir que é diferente de como as coisas estão no momento. Isso pode fazer com que tentemos arduamente e fiquemos insatisfeitos com o que estamos de fato experimentando – podemos nos sentir cansados e desanimados e dizer a nós mesmos: "É um desperdício de tempo", ou "Estou fazendo tudo errado", ou "Nunca vou me sentir como quero me sentir". Ao praticar o *estar na* experiência, conseguimos desenvolver a capacidade de conservá-la com cuidado e permitir que as coisas sejam como são em nós mesmos e no mundo. Aprendemos sobre aceitação, ou deixar ser – reconhecendo as coisas como são, o que é diferente da passividade ou da resignação. A aceitação envolve a "exploração" delicada da experiência em nossa consciência, com tempo suficiente para que possamos enxergá-la com clareza. Ver as coisas como elas são pode trazer à consciência detalhes surpreendentes.

Outra imagem que pode ajudar a entender noções básicas desse conceito é imaginar que você está com um grupo de crianças ou de filhotes de cachorro. Se quisesse que eles viessem até você, o que aconteceria se gritasse com eles para se aproximarem ou se os chamasse com um sussurro? É improvável que, em qualquer das duas situações, eles respondessem. Mas se você lhes oferecesse algo realmente interessante e com entusiasmo e gentileza, eles ficariam muito mais propensos a fazer um movimento – e talvez mesmo a ficar!

Você pode abordar a própria mente da mesma forma, à medida que aprende a convidá-la a passar mais tempo no momento presente.

A prática da Atenção Plena também diz respeito a aprender a responder àquilo que encontramos. Tornamo-nos capazes de escolher quando conseguimos ver nossa experiência com clareza. De posse dessas informações, somos capazes de responder mais adequadamente.

Curiosidade gentil

Abordar nossas experiências com gentileza é uma forma radicalmente diferente de estar com nós mesmos.

Ao prestar mais atenção àquilo que vivemos, sejam as experiências agradáveis ou desagradáveis, aprendemos a permitir que elas sejam como são, em vez de tentar alterá-las, corrigi-las ou melhorá-las. Aprendemos a olhar para nossas experiências com um novo olhar, sem chegar a conclusões precipitadas ou presumir que elas se darão como da última vez. Isso por vezes é chamado de "mente de principiante".

Aprendemos que, se pararmos e nos dermos tempo para reunir os detalhes de nossas experiências, obteremos em seguida uma imagem mais completa, em vez de nos anteciparmos com uma solução provavelmente inadequada.

Aprendemos a ser pacientes com nós mesmos, com nossa vivência e com o mundo que nos rodeia. Aprendemos também a "renovar" ou atualizar as informações sobre o momento presente, e assim conseguimos deixar de lado aquilo que não diz respeito ao agora (como pensamentos preocupantes sobre o futuro, que causam tensão física). Começamos a perceber que todas as experiências mudam e evoluem continuamente e a questionar a suposição de que temos de nos envolver e agir antes que qualquer mudança seja possível. Esse processo de mudança constante é às vezes chamado de "impermanência". Nossa vida continua a se desdobrar e a evoluir a cada momento.

Sarah descreveu uma "revelação" enquanto praticava a Atenção Plena. Ao perceber uma coceira no nariz, pela a primeira vez na vida ela não o coçou. Quando notou que a coceira sumiu sozinha em apenas um minuto, ela ficou realmente surpresa! Até então Sarah tinha acreditado firmemente que a coceira continuaria para sempre se ela não coçasse o nariz.

Assim, agora você está aprendendo a explorar, a ser curioso e investigar suas experiências de uma forma que lhe permita afastar-se um pouco, dando-lhe a possibilidade de uma perspectiva diferente e de mais espaço para ver a experiência de forma clara, como ela é.

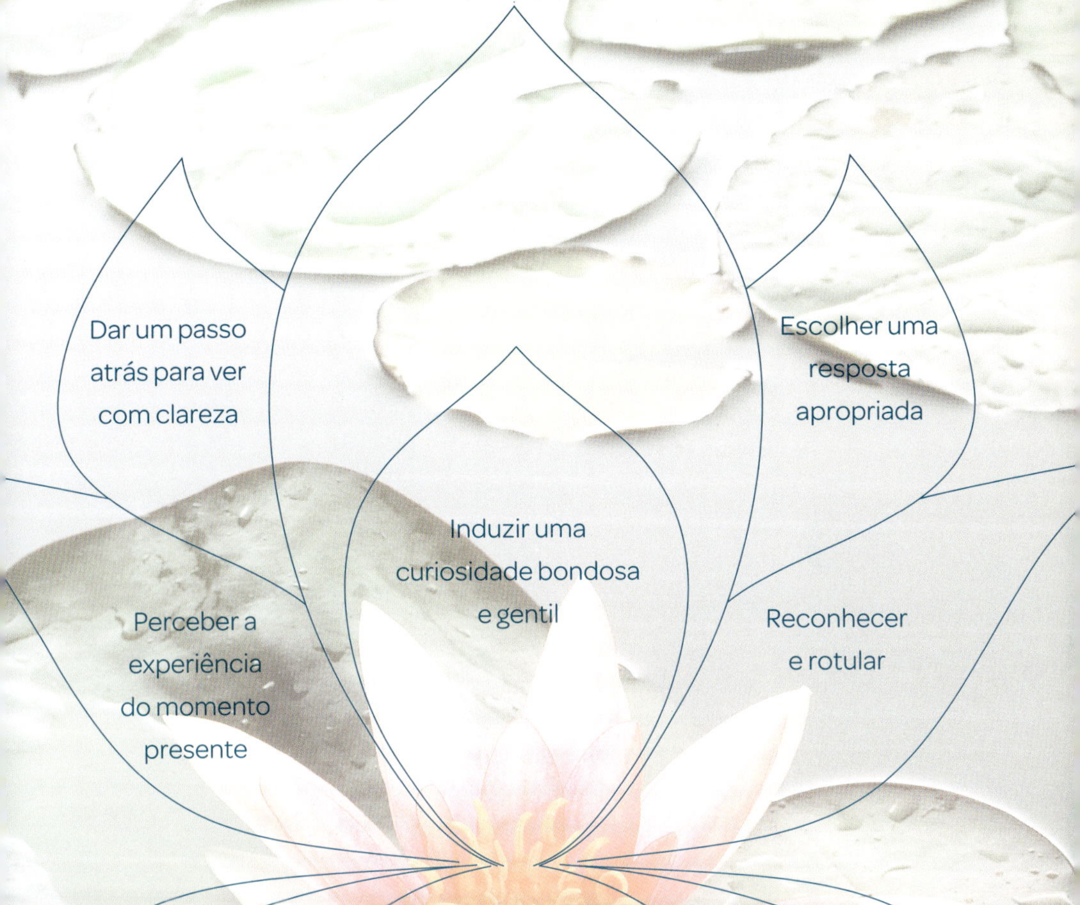

ATENÇÃO

Como um broto de lótus que aflora lentamente, há muitas "pétalas" nas nossas experiências, as quais descobrimos apenas com atenção ativa. Quando prestamos atenção a uma experiência em vez de reagir automaticamente a ela, vemos as coisas com clareza e podemos dar uma resposta adequada.

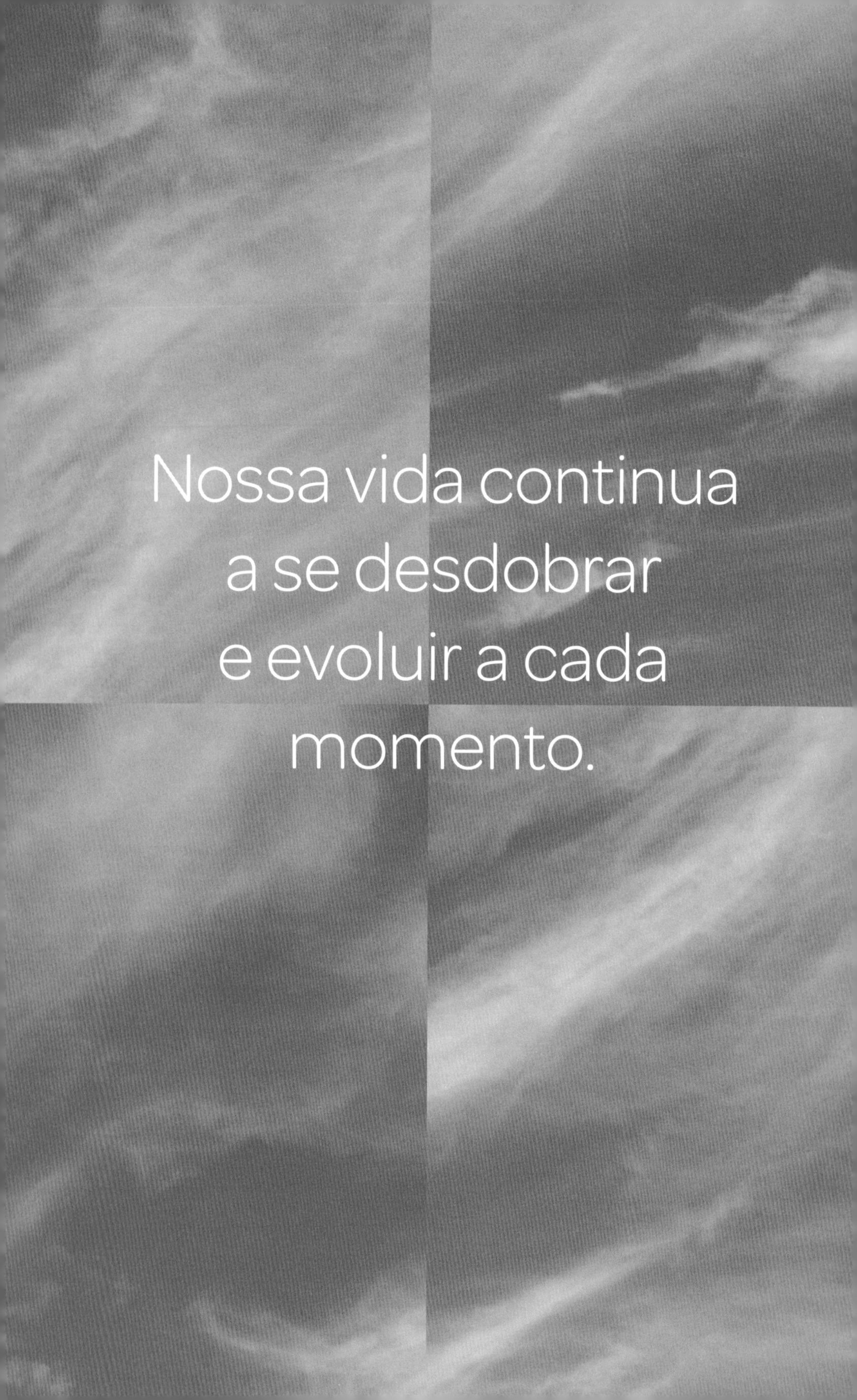

Nossa vida continua
a se desdobrar
e evoluir a cada
momento.

Conforme praticamos a Atenção Plena, passamos a ter um interesse cordial por nossas experiências, a desenvolver a capacidade de cuidar de nós mesmos e a responder a nossas circunstâncias de forma gentil e sábia.

Cuidar de nós mesmos pode parecer fácil, mas na verdade muitas vezes é bem difícil. Em geral temos muito mais prática em cuidar de outras pessoas do que de nós mesmos. Voltar a atenção para nós mesmos e nossa experiência é uma atitude bastante radical.

Quando falamos de gentileza na prática da Atenção Plena, estamos nos convidando a:

- Perceber as vezes em que somos cruéis com nós mesmos e com os outros em ações e pensamentos.
- Permitir-nos ser como somos e reconhecer que somos "suficientemente bons".
- Dar-nos encorajamento.
- Reconhecer nossas realizações e qualidades.
- Abrir espaço para cuidarmos de nós mesmos em nosso cotidiano ocupado por meio da participação em atividades que nutram tudo o que somos e que nos apoiem numa vida de prazer.
- Escolher respostas que tornem as coisas melhores, mais fáceis e mais gratificantes para nós.
- Abandonar hábitos inúteis que nos impedem de responder adequadamente e que podem nos esvaziar.

03.

A prática da Atenção Plena

Sarah Silverton

Isto é Atenção Plena na prática: decidir observar algum aspecto de nossa experiência e induzir um interesse cordial por tudo o que observamos.

Como desenvolver a consciência do dia a dia

As práticas deste capítulo convidam-no a abordar seu dia a dia com Atenção Plena. Em todas as práticas, é muito importante que suas escolhas sejam adequadas para seu corpo e sua mente. O que é certo para você em um dia pode não ser prudente em outro. Executar atividades normais lentamente pode torná-las mais desafiadoras; assim, por favor, siga na melhor velocidade para você. Às vezes, prestar atenção à própria respiração pode ser desconfortável no início, em especial se houver histórico de problemas respiratórios.

Nós o encorajamos a cuidar de si e a nunca ultrapassar seus limites físicos ou mentais. Na prática da Atenção Plena, nós sempre, de maneira implícita, "convidamos" as pessoas a fazer uma escolha. É mais indicado deixar que seu corpo e sua mente – se eles estiverem lhe dizendo para não fazer alguma coisa – sejam os melhores juízes do que deve ser feito, em vez de seguir fielmente as instruções. Não se apresse: perceba o que quer que perceba e experimente tudo o que experimentar. Assim não há como errar! Então, vamos agora praticar a Atenção Plena, começando com o exercício de comer plenamente atento. Vamos ver o que você percebe.

Falamos em *praticar* a Atenção Plena porque nossa capacidade de estar plenamente atentos se encontra em contínuo desenvolvimento. É muito importante lembrar, como foi comentado na pág. 40, que, quando fazemos brilhar a luz de nossa consciência, não tentamos mudar os detalhes do que a luz mostra, e sim a direção do feixe de luz e como ele se espalha. Escolhemos o foco de nossa atenção e o detalhe de nossa experiência para o qual queremos abrir a consciência.

Exercício: Comer plenamente atento

Assim como em todas as práticas da Atenção Plena que exploraremos neste livro, é muito importante que você faça uma *escolha* sobre aceitar ou não os convites feitos na orientação. Para este exercício, você pode escolher qualquer fruta que tenha em casa – pode ser fresca ou seca.

1 Imagine que está vendo esse "objeto" pela primeira vez. Você pode fingir que você é de outro mundo, ou então que é um bebê. É realmente possível imaginar que você nunca viu o objeto antes e que não sabe o que é?

2 Comece a explorá-lo com os olhos. Passe alguns minutos realmente investigando. Que cores você vê? Qual é a forma? Qual é a textura? Você vê padrões? Qual é o tamanho? Se você virá-lo nos dedos, ele é igual visto de ângulos diferentes? Reflete luz em sua superfície? Parece diferente contra a luz? Há detalhes que você pode perceber e explorar? Olhe novamente e veja se alguma coisa escapou de sua observação até agora. Sua mente se envolveu nesse processo, nomeando o objeto (apesar de suas melhores intenções para fingir que ele é algo totalmente novo em sua vida), talvez lembrando, fazendo associações ou percebendo que ele se parece com outra coisa? Sua mente concluiu, talvez, que gosta ou não gosta desse objeto?

3 Explore agora a sensação do toque. O objeto é leve ou pesado? É mole ou duro? Há partes que parecem diferentes de outras? É liso ou áspero, pegajoso ou úmido? Quais são suas sensações ao tê-lo em seus dedos? Quais dedos o estão tocando? Eles conseguem segurá-lo facilmente, sem deixá-lo cair ou espremê-lo? Você precisa decidir fazer isso ou o corpo e o cérebro conseguem fazê-lo inconscientemente?

CONTINUA NA PÁG. SEGUINTE

4 Quando estiver pronto (e se você optar por isso), leve o objeto em direção ao rosto. Talvez você perceba as sensações causadas pelo movimento da mão e do braço. Se desejar, tente sentir se o objeto tem cheiro. Ao perceber sua fragrância, você nota algo acontecendo em seu corpo?

5 Talvez agora você possa tocar o objeto com os lábios para ver qual é a sensação. As sensações em seus lábios superior e inferior são as mesmas?

6 Novamente, se quiser e caso se sinta bem com isso, coloque o objeto (ou um pedaço dele) na boca. Se desejar, deixe-o na língua por alguns momentos, sinta seu peso, textura e sabor. Qual é a sensação ao virar a língua e mover o pedaço de um lado para outro na boca?

7 Quando quiser, mastigue muito lentamente e, em seguida, pare para perceber o que sente. Há algum sabor, textura ou umidade? Essas características se alteram a cada momento? Mastigue de novo no momento em que lhe parecer adequado, até estar pronto para começar a engolir o objeto. Possivelmente você notará quantas deglutições são necessárias e as sensações que ele provoca ao descer pela garganta.

8 E o que você sente agora? Há ainda um gosto ou gostos em sua boca? Há umidade? Pedaços ficaram presos nos dentes?

9 Pare para refletir sobre o que percebeu. Por exemplo:

- Quais foram as mensagens que seu corpo/mente recebeu sobre a fruta? O que era mais intenso: o sabor, a aparência, a sensação ou o cheiro?
- Havia qualquer coisa sobre a fruta que você nunca tinha notado antes?
- Sua mente estava muito ocupada enquanto você explorava a fruta? Foi fácil fingir que você não a conhecia? Foi surpreendente notar como a mente pode ficar envolvida?
- A intensidade de seus sentidos é diferente quando você come essa fruta normalmente? Havia algo diferente no gosto ou no cheiro?
- Foi muito diferente a maneira como você comeu em relação ao normal?

Abaixo estão algumas observações comuns que surgem regularmente entre os participantes que fazem esse exercício nas aulas de Atenção Plena.

- Percebi coisas sobre o pedaço de fruta que nunca tinha visto antes e isso realmente me surpreendeu.
- Meus sentidos estavam "nítidos" de alguma forma, de modo que cores, cheiros e gostos pareciam mais vivos.
- Reparei que muitas vezes na vida cotidiana eu comia sem prestar muita atenção no que estava comendo.
- Raramente como sem fazer várias outras coisas ao mesmo tempo – falar com a família, ver televisão ou ouvir rádio, verificar e-mails, ler o jornal e assim por diante.
- Como a mente é ocupada! Ela conversa constantemente, intrometendo-se em todo tipo de coisa: por exemplo, faz juízos de valor, comenta, lembra, encontra comparações e julga nossa experiência (por exemplo, gostando ou desgostando).
- Percebi que minha mente passa a maior parte do tempo em algum lugar diferente do momento presente.
- Quando eu estava realmente absorta no que estava observando, minha mente estava menos ocupada.

Você reconhece algum desses sentimentos em sua própria experiência?

Isso é Atenção Plena na prática: escolher se concentrar em algum aspecto de nossa experiência e induzir um interesse cordial por tudo que podemos perceber ali. Diminuir a velocidade das coisas pode nos ajudar a ter tempo para processar todas as informações que estão disponíveis, embora fazer tudo lentamente não seja essencial.

Podemos prestar atenção a nossa experiência mesmo quando estamos correndo para pegar o ônibus ou o trem.

A mente errante

Quando começamos a praticar a Atenção Plena, acreditamos que estamos fazendo tudo errado caso a mente não permaneça no foco escolhido. Como discutimos anteriormente, a mente do fazer com frequência evoca algumas ideias de como a Atenção Plena deve ser. Esperamos uma mente calma e quieta, e não uma que insiste em pensar sobre trabalho e almoço ou que nos diz que temos algo muito mais importante – ou mesmo urgente – para fazer agora! Essa "mente de macaco", que fica pulando de galho em galho, é absolutamente normal.

Ao praticar a Atenção Plena, aprendemos a observar a atividade da mente para só então, com delicadeza e firmeza, voltar a atenção para o lugar escolhido. Não fixamos a mente em um único ponto nem a esvaziamos.

Prestar atenção plenamente é muito parecido com ficar em pé numa perna só. Para manter o equilíbrio, é preciso oscilar um pouco! É um processo dinâmico de ajuste e reajuste, enquanto a decisão de estar em pé numa perna só for algo dominante na mente. Se você mantiver o corpo rígido enquanto se equilibra, provavelmente cairá rapidamente como uma árvore cortada. E, se seus músculos estiverem muito relaxados, você escorregará no chão, em vez de ficar em posição vertical equilibrada. Da mesma forma, se for muito gentil consigo mesmo, poderá perder de vista a decisão de perceber seus momentos.

Os treinos de Atenção Plena seriam muito trabalhosos (e falhariam) se tentássemos fixar a atenção e não a deixássemos vagar um pouco – a mente foi projetada para pensar, não há como evitar que ela vague! No entanto, se não fizermos nenhum esforço para focar a atenção onde queremos que ela esteja e desistirmos tão logo a mente fique à deriva, é improvável que ela aprenda a se acalmar e a explorar as experiências do modo como a Atenção Plena propicia.

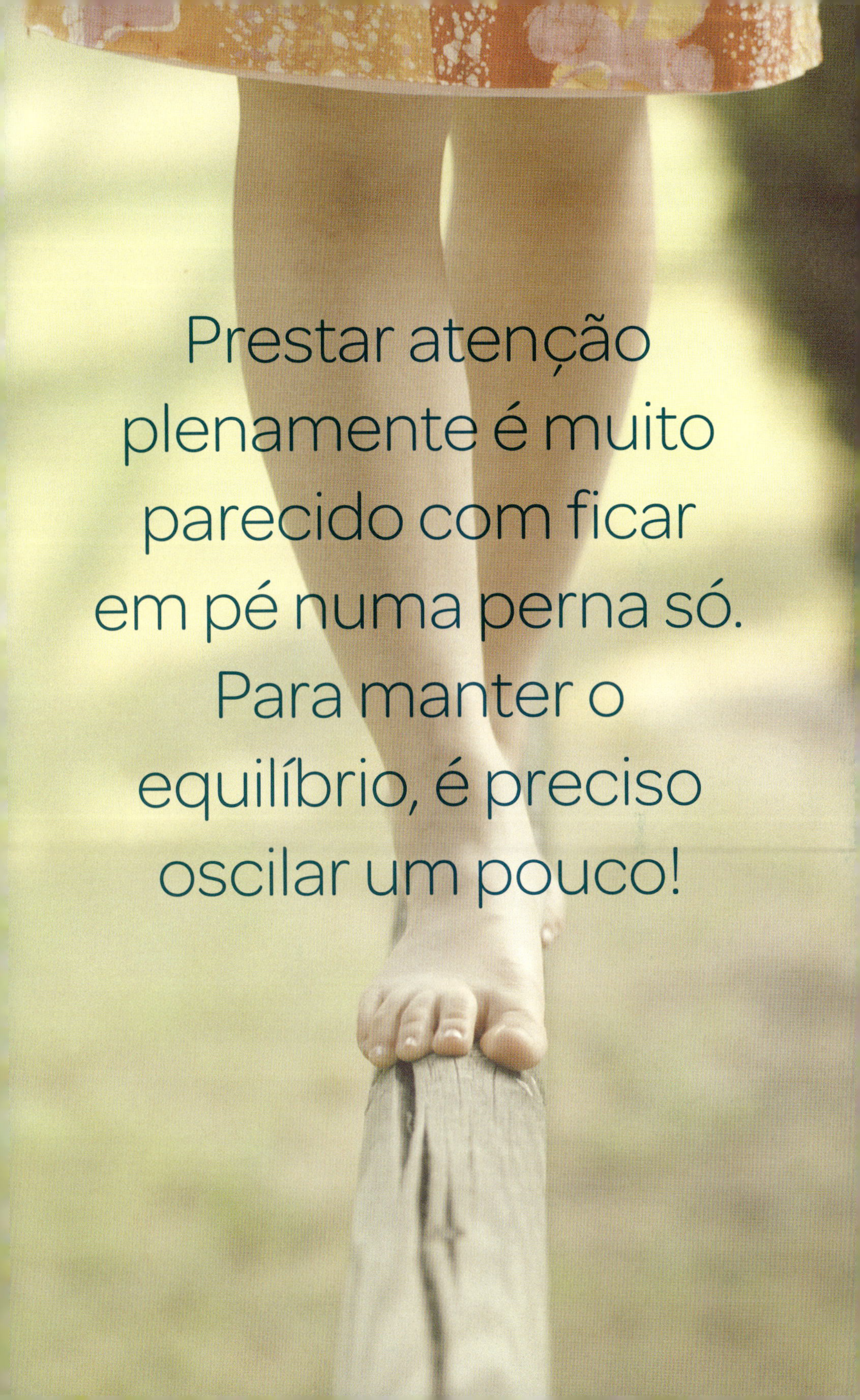
Prestar atenção
plenamente é muito
parecido com ficar
em pé numa perna só.
Para manter o
equilíbrio, é preciso
oscilar um pouco!

Investigação das sensações corporais

As sensações físicas quando estamos em pé, sentados, em movimento, digerindo e respirando são uma maneira de ser/estar no momento presente. Elas podem nos ajudar a retornar para o agora se nossa atenção for capturada por pensamentos sobre o passado ou o futuro, ou quando estivermos dominados pela mente do fazer – ocupada e compelida a realizar tarefas. Com a prática de atentar para nossas sensações físicas – estar em sintonia com diversos tons, sabores, texturas e cores –, podemos reforçar o constante convite feito por nosso corpo para estarmos *aqui*.

Seu corpo pode dizer muito sobre o que é estar no momento presente. Ele também diz muito sobre sua mente no momento:

- As necessidades físicas de seu corpo: por exemplo, sede, fome ou cansaço.
- Suas emoções, seu tédio, seus interesses, gostos e desgostos podem ser refletidos em sensações corporais.
- Seu humor pode ser detectado em sua postura.

Pela prática da observação, explorando e familiarizando-se com as mensagens que seu corpo constantemente envia, você passa a acumular um conhecimento valioso. Você acessa recursos importantes que o ajudam a desenvolver suas habilidades para cuidar de si e atender às suas necessidades tanto quanto possível. Então, vamos ver o que você percebe sobre sua experiência física ao adotar a mesma atitude de curiosidade e a "mente de principiante" assumida na prática de comer plenamente atento. Lembre-se de que não há uma maneira certa de sentir – você estará simplesmente percebendo a experiência, seja ela qual for.

Exercício: Sentar-se plenamente atento

Para a prática da Atenção Plena, sente de modo a apoiar o corpo confortavelmente, com os músculos em repouso na medida do possível. Seja qual for a posição que você escolher, seu objetivo será promover o seguinte:

- Corpo estável e em equilíbrio. Sentado em posição confortável, ele formará uma base firme sobre a qual a coluna pode estender-se ao longo de suas curvas naturais.
- Joelhos em posição mais baixa que os quadris e em contato com o chão (isso vale se você estiver sentado num banquinho ou numa almofada).
- Mantenha uma postura que o mantenha conectado ao lugar em que estiver sentado.

Configurar a postura dessa forma favorece o uso pleno da capacidade natural do corpo de sustentar-se sozinho, permitindo que ele espelhe o convite que você faz a si mesmo para estar à vontade, mas também desperto, livre e firme, conforme explora as experiências que surgem e passam, momento a momento. Ao ouvir as mensagens do corpo, você poderá escolher uma postura adequada para ele nesse momento.

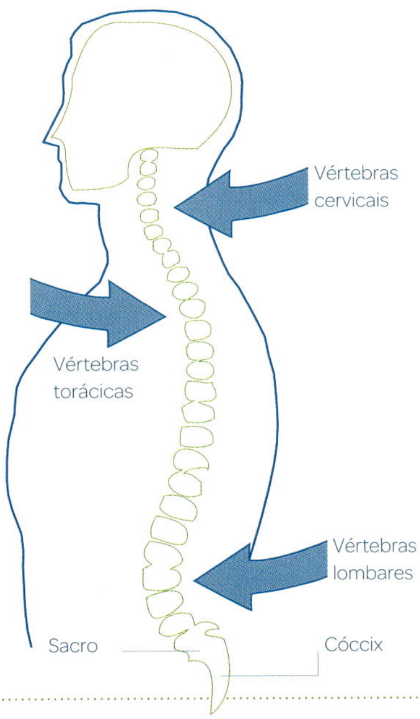

Atenção Plena na respiração

A respiração está sempre produzindo movimento. Dessa forma, quando percebemos nossa respiração, estamos aqui, presentes no momento. Ela pode funcionar como uma *âncora*, mantendo-nos constantemente no agora quando a mente e o corpo estiverem reativos, instáveis ou desequilibrados. Ela está sempre disponível para nós, como um lugar para onde retornar em meio às preocupações ou à reatividade da vida.

Sempre que praticar a Atenção Plena na respiração, sente-se na posição mais confortável para o seu corpo nesse momento. Comece sintonizando-se com as sensações que dizem que ele está sentado nesse lugar – sensações, talvez, de pressão, contato, peso, temperatura, formigamento ou pulsação. Você está sendo gentilmente curioso a respeito de tudo sem a necessidade de que as coisas tenham qualquer configuração particular:

- Você consegue sentir os pés no chão e as nádegas na cadeira?
- Consegue sentir as sensações surgindo em seu corpo – um corpo completo – do topo da cabeça até as mãos e os pés?
- As sensações se alteram conforme você as explora por um tempo?
- Algumas sensações falam mais alto do que outras, atraindo sua atenção para elas?

Perceba as sensações da respiração

Você pode descobrir que a mente quer se envolver – ela pode estar, de alguma forma, tentando alterar ou melhorar a respiração. Pode ser que surjam pensamentos sobre a respiração ou talvez pensamentos sem relação alguma com o exercício. Como seria apenas sentar e deixar que o corpo respirasse (como ele vem fazendo todos os dias e noites sem qualquer ajuda sua)? Permita que sua atenção descanse um pouco e sinta a respiração. Se a mente tentar controlá-la, apenas perceba isso e volte a atenção – quantas vezes forem necessárias – para as sensações do ar entrando e saindo do corpo.

Exercício: Respiração plenamente atenta

1 Sente na posição mais confortável para seu corpo nesse momento.

2 Sintonize-se com as sensações que dizem que seu corpo está sentado nesse lugar (ver página anterior).

3 Agora explore a experiência da respiração em seu corpo. Perceba os movimentos de inspirar e expirar. Onde você sente a respiração mais fortemente: no nariz, no peito, no tórax ou na barriga?

4 Sem alterar o fluxo da respiração, apenas explore a sensação (ver imagem) e a textura, a forma, o padrão e o ritmo dela. Eles são lentos? Rápidos? Suaves? Superficiais? Profundos?

5 Siga cada movimento à medida que os pulmões levam o ar para dentro, param, começam a expirá-lo e por fim param brevemente antes da nova inspiração. Imagine talvez uma praia – a respiração é como o mar que chega até a areia e em seguida se vai, pronto para formar a próxima onda.

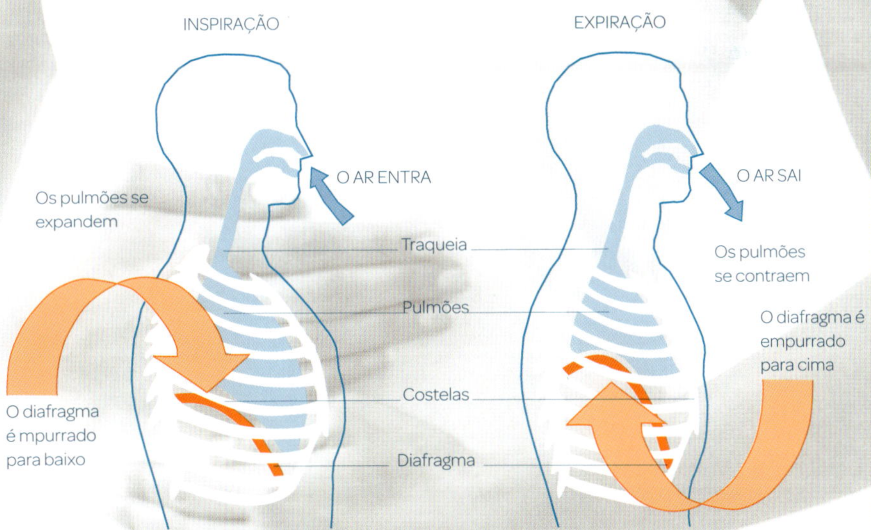

Atenção Plena no corpo

Há muitas maneiras de praticar a Atenção Plena. Às vezes, fazemos uma meditação dirigida, ouvindo um instrutor em sala de aula ou um CD. A orientação estrutura a prática, ancorando nosso foco e nos ajudando a perceber quando a mente começa a vagar. Outras vezes, a atividade é feita em silêncio, seguindo um formato escolhido e sem orientação. Essas práticas são uma pausa na vida cotidiana e uma decisão de passar um período de tempo praticando a meditação da Atenção Plena. Nosso foco estará, repetidas vezes, em nossa experiência interna, embora possa estar também no que vemos ou ouvimos. Esse tipo de meditação é muitas vezes chamado "prática formal".

Outro tipo de prática, já explorado no capítulo anterior, consiste em trazer a consciência plenamente atenta para as atividades diárias, e isso é chamado de "prática informal". Nela, o foco pode ser nossa experiência interna, mas é mais provável que seja uma mistura de pensamentos, emoções, corpo e experiência do entorno.

Essas duas práticas de meditação ajudam a desenvolver a sensibilidade para perceber nossa experiência e nossa capacidade de escolher onde focar a atenção.

Nas práticas formal e informal exploramos todo o pacote de experiências, sensações, emoções e pensamentos, e também nosso relacionamento com tudo isso. Podemos começar a ver como tudo está interconectado. Começamos a ver a textura rica e complexa de nossa experiência e de nossa vida em cada momento.

Ao praticar a Atenção Plena, aprendemos sobre nós mesmos, vendo nossa experiência tão claramente quanto possível e assistindo a nossos hábitos e padrões de agir e reagir a nós mesmos e às situações.

Exercício: Consciência das sensações físicas

Esta prática amplia o foco: perceber o corpo todo, a superfície sobre a qual ele está deitado ou sentado e também a área em torno dele. Você abrirá a consciência para toda uma gama de sensações. Esta prática pode ser feita com você sentado ou deitado – o que for melhor *no momento*.

1 Se você decidiu deitar-se, encontre uma posição que permita a seu corpo ficar confortável e tão apoiado quanto possível no chão/colchão/tapete/cama. Como alternativa, você pode preferir fazer esta prática sentado (veja a seguir). Embora você não vá *tentar* ficar relaxado, é útil permitir que o corpo se sinta à vontade ao explorar as diferentes sensações.

2 Se for confortável, deite-se com as pernas alinhadas e os pés separados, virados um para cada lado. Essa postura permitirá que seus músculos fiquem em repouso – eles não precisam estar trabalhando ativamente para manter o corpo nessa posição. Se você tem problemas com a parte inferior das costas, pode achar mais confortável deitar-se com os joelhos levemente flexionados e os pés no chão (talvez com uma almofada por baixo para apoiá-los).

3 Deixe os braços soltos ao lado do corpo e a palma das mãos voltada para cima (se isso for confortável).

4 Agora traga a atenção para todo o corpo. Que sensações você percebe?

VERSÃO SENTADA

Se você optar por explorar as sensações no corpo enquanto estiver sentado, use uma cadeira com encosto reto e sente com os pés totalmente apoiados no chão. Também pode ser útil sentar-se afastado do encosto da cadeira. Essa postura leva em conta a curvatura natural da coluna vertebral, que ajuda no equilíbrio das costas, do pescoço e da cabeça. O roteiro para perceber as sensações é exatamente o mesmo da posição deitada.

Exercício: Varredura corporal

Você também pode investigar as sensações em seu corpo concentrando a atenção em áreas específicas, devagar e um pouco por vez. Você irá solicitar que a mente se acalme e se detenha suavemente – tanto quanto queira – na parte específica do corpo que decidiu explorar.

1 Permita que sua atenção explore uma área do corpo e, em seguida, deixe-a sair do campo de visão da mente.

2 Direcione a atenção para a próxima área por alguns momentos para explorar as experiências que aparecem aí.

3 Libere essa área de sua atenção e direcione-a para outra parte do corpo que deseje investigar.

Você consegue ser preciso a respeito dessa experiência?

- As sensações permanecem iguais?
- As sensações estão sob a forma de cores ou talvez sons? Você as sente no corpo?
- Você sente a pressão de seu corpo no chão? Em caso afirmativo, onde?
- Sente leveza ou peso?
- Consegue sentir o contato da roupa ou do ar na pele?
- Há algum formigamento ou pulsação?
- Você percebe firmeza ou frouxidão em seus músculos?
- Sente dormência?
- Quais pensamentos surgiram? O que sua mente tem a dizer sobre tudo isso?

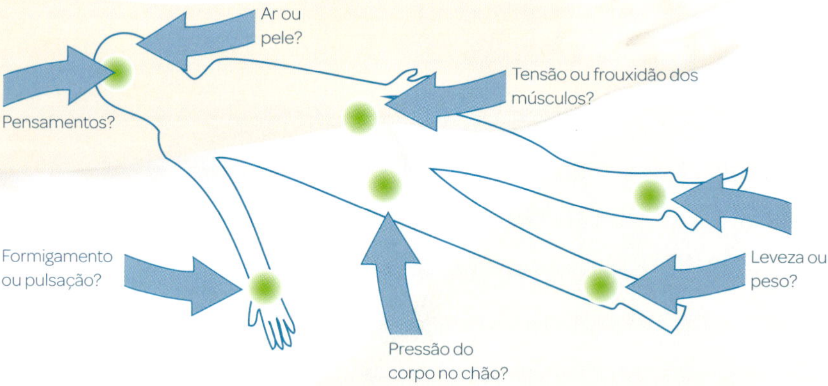

Divagações ao varrer o corpo

O corpo pode ser uma medida maravilhosa da frequência e da intensidade das divagações da mente. Quando verificamos o corpo com um instrutor de Atenção Plena, uma voz nos guia. Isso nos lembra de retomar a atenção caso a mente vague e nos dá algumas indicações sobre o que "procurar" enquanto fazemos a varredura.

Ao prestar atenção a todo o corpo, com frequência achamos que partes dele "desapareceram"! Às vezes, estamos conscientes de que a mente está vagando, mas a varredura corporal pode nos dar uma clara *noção de quanto isso dura*. Às vezes, sabemos exatamente no que estávamos pensando; outras vezes, não.

A exploração da mente errante é tão parte da prática quanto o ser curioso sobre as sensações do corpo. Você é capaz de ser simpático com sua mente errante e ficar verdadeiramente interessado em suas viagens? Ao praticar, observe quantas vezes você precisa voltar a centrar a atenção da mente no corpo. Você está consciente de qual área estava explorando antes que a mente fosse desviada por um pensamento ou talvez uma sensação física em outro lugar? Tem alguma noção de quanto tempo sua mente ficou longe a partir desse momento?

Sonolência e varredura corporal

Com frequência o corpo está cansado e aproveitará qualquer oportunidade para dormir um pouco e recuperar-se, especialmente quando nos deitamos. Abordar a sonolência na prática da Atenção Plena pode ser muito útil:

- Por vezes apagamos como uma lâmpada. Por vezes, dormitamos.
- Somos mais propensos a adormecer em determinados momentos do dia.
- Aceitamos a sonolência ou somos autocríticos em relação a ela?
- Talvez fiquemos sonolentos ao verificar uma parte específica do corpo.
- Talvez tentemos achar meios engenhosos de ficar alertas ou optemos por transferir a prática para quando estivermos menos cansados. Perceba como essas respostas diferem das reações críticas a respeito do adormecer.

Exploração do corpo em movimento

Já examinamos o modo de prestar atenção plenamente ao corpo quando ele está parado, percebendo o ar entrando e saindo pela respiração. Prestar atenção ao corpo em movimento é outra possibilidade. Ele passa muito tempo em movimento no dia a dia. Mas quantas vezes percebemos de fato as sensações em nosso corpo? Aqui está uma oportunidade real de trazer a Atenção Plena para a sua vida.

As sensações físicas podem nos fornecer informações muito úteis sobre o estado de nosso corpo e nossas emoções. Se aprendermos a ser receptivos a essas mensagens, elas podem nos ajudar a viver a vida de maneira mais plena e a fazer escolhas sobre como agir e nos comportar.

- Se sentimos que o corpo está apressado, temos a *escolha* de desacelerá-lo.
- Se percebemos que estamos apertando muito a mandíbula, podemos compreender que estamos tensos com algo e talvez *responder* a isso.
- Se nos permitimos *sentir* a nós mesmos no processo de ir para algum lugar, em vez de ficarmos perdidos em pensamentos sobre aonde estamos indo, podemos viver a vida agora como ela realmente é.

Vivência das atividades diárias

Como a Atenção Plena diz respeito a prestar atenção de maneira gentil e interessada, podemos levar essa atitude para qualquer atividade. Quando nos voltamos para nossa experiência, ela passa a ser sentida de maneira muito diferente. Podemos despertar para detalhes que perdemos há muitos anos.

Há a possibilidade de você querer experimentar a Atenção Plena em outras situações que fazem parte do cotidiano, como vestir-se, tomar banho, alimentar o cão ou o gato, lavar a louça, dirigir o carro ou andar de bicicleta. Talvez você consiga se concentrar em todos os sentidos enquanto realiza uma dessas atividades, ou talvez apenas passe a prestar atenção ao que vê, ouve ou cheira.

Quando nos voltamos para nossa experiência, podemos despertar para detalhes que deixamos passar há muitos anos.

Exercício: Andar plenamente atento

Caminhar é algo que fazemos naturalmente, mas, a menos que seja doloroso andar, é raro prestarmos atenção ao ato de colocar um pé na frente do outro.

1 Fique em pé. Você pode optar por fazer o exercício descalço, para aumentar a sensibilidade da exploração.

2 Observe as sensações de ter os pés em contato com o solo. Que parte deles esté realmente tocando o chão? O que você sente? Existem mais sensações nos dedos ou nos calcanhares, nas laterais ou na frente? Seu peso está uniformemente distribuído entre os pés ou você sente mais pressão em certos pontos? Talvez você possa experimentar deslocar um pouco seu peso em diferentes direções para perceber as alterações das sensações.

3 Agora expanda sua atenção para verificar lentamente todo o seu corpo, sentindo todas as partes dele, em pé, respirando.

4 Quando estiver pronto, traga o foco da consciência de volta apenas para a região dos pés.

5 Agora você vai começar a se movimentar. Tome a decisão de deslocar seu peso para um dos pés. Perceba como as sensações mudam. *Por favor observe*: caminhar lentamente pode ser muito difícil para nosso equilíbrio. Se você sabe que seu equilíbrio é pouco confiável, caminhe em um lugar onde possa se agarrar a algo com segurança, ou então opte por andar um pouco mais rápido.

6 Agora dê um passo à frente devagar e sintonize-se com o momento em que seu calcanhar faz contato com o chão. Você consegue sentir a pressão e o contato do calcanhar contra o chão?

7 Explore os desdobramentos das sensações enquanto o resto do pé gradualmente faz contato com o chão.

8 Sinta todo o peso nesse pé enquanto o outro se levanta do solo para dar o próximo passo.

9 Repita lentamente, talvez andando em um círculo ao redor da sala, ou talvez em uma linha reta, parando e voltando quando necessário.

10 Assim que sua mente começar a vagar ou for tomada pelo que vê ou ouve, registre a percepção, mas leve a atenção de volta para as sensações nos pés. É possível que você tenha de acalmar a mente muitas vezes, e isso é bom. (Atenção Plena é *fazer a atenção voltar* às sensações atuais, despertando para o agora repetidas vezes. Não se trata de corrigir ou manter o foco em um só lugar enquanto a mente *vaga* – pois vagar é típico da mente.)

EXPANDA A PRÁTICA

- Conecte sua experiência de respiração com os pés conforme eles se movem. Expire quando um pé dá um passo à frente e inspire quando o outro se ergue para dar o próximo passo. Deixe a respiração marcar o tempo de seus passos.
- Alterne a velocidade da caminhada, começando bem devagar e depois andando mais rápido.
- Foque a atenção em outras partes do corpo, para sentir outros aspectos do caminhar.
- Preste atenção ao que você consegue ver e ouvir ao redor.
- Tente, talvez, correr com Atenção Plena.

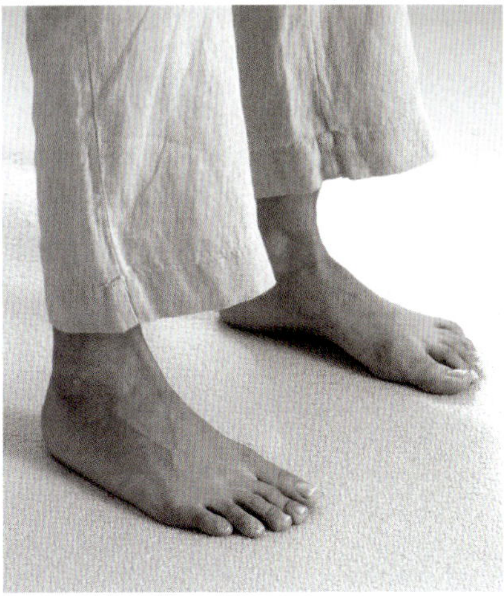

Movimento consciente

Você pode praticar movimentos plenamente atentos executando movimentos específicos que normalmente não fariam parte de sua vida cotidiana – criando posturas e formas que lhe deem a oportunidade de praticar a sintonização com as mensagens do corpo. Não há nenhuma regra, e as escolhas feitas dependerão de seu nível de aptidão, de quaisquer limitações em seu corpo devido a doenças ou ferimentos e da quantidade de espaço disponível.

É muito importante, nesse momento, não ir além do que é prudente para seu corpo. Se não tiver certeza do que ele é capaz de fazer sem dificuldade ou sem lhe causar danos, certifique-se com um médico ou fisioterapeuta.

O objetivo do movimento plenamente atento não é perder peso ou entrar em forma; não se trata de tornar-se mais forte ou mais flexível; a ideia é simplesmente perceber as sensações do corpo à medida que nos movimentamos.

A investigação dos limites do movimento atento

Uma experiência interessante de aprendizagem que pode surgir a partir desse tipo de movimento consciente é o encontro e a familiarização com nossos limites e a percepção de como lidamos com eles. Os pontos nos quais nosso conforto começa a ser desafiado quando nos alongamos ou nos equilibramos se manifestarão por si mesmos. Esse desafio pode ser o resultado direto de tensão nos músculos ou restrições nas articulações. Ou, ainda, pode ter origem em nossos pensamentos e emoções. Esses limites podem ser surpreendentemente variáveis, dependendo de diversos fatores, como a hora do dia ou nosso humor.

Conforme você pratica, nós o convidamos a observar seus limites.

- O que acontece quando você percebe um limite?
- Você percebe que se força a enfrentar experiências difíceis ou que as tira rapidamente do caminho para remover o desconforto?
- Acha que, por meio do esforço e de obrigar-se a fazer, você diminui ou aumenta a resistência desse limite?
- O que acontece com a experiência de seus limites se você fizer alguma autocrítica?
- Qual é o impacto dos pensamentos que se instalaram nos momentos em que seu corpo funcionou melhor ou esteve mais flexível, sobre a rigidez de seu corpo nesse limite?
- Qual é o impacto da criação de bem-estar e brincadeiras durante esses momentos?
- O que acontece se você criar incentivos para si mesmo e responder com sensibilidade ao que seu corpo lhe diz?
- Você consegue reagir com gentileza e sabedoria quando corpo e mente estão nesse limite e se mostram relutantes em deixar de lutar?

Você pode aprender muito sobre si mesmo ao se familiarizar melhor com os hábitos de sua mente e seu corpo. Experimentar diretamente o modo como você interage e se relaciona com a dificuldade influenciará a maneira como sente o limite, que inicialmente parece tão fixo e não manejável.

Com a prática, você vai perceber como os momentos de quietude são realmente feitos de muitos microajustes dinâmicos ao ato de equilibrar-se. Perceberá que, se estiver "solto" e tranquilo ao fazer alongamentos, conseguirá ficar bem mais alongado do que quando você obriga seus músculos a alcançarem tal objetivo.

A exploração plenamente atenta das sensações que estão aqui, bem neste limite, e como você reage e se relaciona com essas experiências podem oferecer-lhe oportunidades de praticar e desenvolver novas formas de ser em outros limites da vida. Agora, caso queira, você pode tentar praticar alguns movimentos plenamente atentos com os exercícios das páginas seguintes.

Exercício: Movimentos em pé e sentado

Na movimentação consciente é importante trabalhar não apenas alguns músculos, mas, sim, os da frente e os de trás, os do lado direito e os do lado esquerdo do corpo. Escolha combinações entre as seguintes opções:

ALONGAMENTO

Em pé e relaxado, erga os braços até a altura dos ombros. Vire a palma das mãos para baixo. Encolha a barriga e fique assim durante todo o exercício. Flexione o braço direito para trás, movendo-o simultaneamente para baixo e para dentro. Relaxe e repita do outro lado, oito vezes cada braço.

TORÇÃO LATERAL

1 Sente-se lateralmente numa cadeira com os pés apoiados no chão. Cruze o braço direito na frente da cintura e apoie a mão direita no encosto. Ponha a mão esquerda atrás da cabeça.

2 Inspire. Ao expirar, incline o corpo para a direita. Eleve o cotovelo esquerdo para alongar esse lado do corpo, movendo o ombro direito para baixo. Repita cinco vezes de cada lado.

ALONGAMENTO EM PÉ

1 Em pé, mantenha os pés paralelos, separados na largura do quadril. Flexione ligeiramente os joelhos.

2 Inspire enquanto eleva os braços para os lados. Expire, levantando os braços até que as mãos se encontrem acima da cabeça.

3 Continue a esticar-se para cima, sentindo o corpo todo se alongar. Inspire e expire suavemente, prestando atenção a todas as sensações.

4 Lentamente, expirando, abaixe os braços.

5 Feche os olhos e concentre a atenção na respiração, prestando atenção a qualquer alteração no momento em que os braços estão em repouso.

6 Levante os braços, junte as mãos acima da cabeça e incline-se para a direita, deslocando o quadril para a esquerda. Retorne para a posição inicial e a seguir incline-se na direção oposta.

7 Volte para a posição inicial. Observe as sensações em seu corpo.

Respiração em três passos

Esta prática tem "forma" de ampulheta. Como você pode ver no diagrama da página ao lado, o objetivo é ter uma consciência inicial ampla da experiência, seguida por uma diminuição do foco na respiração, seguida por outra expansão do foco. Outro aspecto útil desta prática é que ela pode ser encaixada na vida cotidiana. Ela *parece* uma versão fácil das práticas mais longas descritas até agora, mas é realmente bastante desafiadora e muito importante. Ela convida a:

- *Parar* e "trocar a marcha" bem no meio da agitação.
- Ficar firme no momento e apenas ser/estar.
- Estar disposto a se abrir para os detalhes da experiência, sejam eles quais forem.
- Resistir ao impulso de *fazer* agora ou tentar alterar e corrigir a experiência.
- Mudar o foco de atenção ao longo dos três passos específicos – de amplo para específico e novamente para um foco amplo.

Pratique a respiração em três passos em três momentos do dia. Pode ser útil associá-la a uma atividade rotineira, tal como ferver água para o café ou lavar as mãos. Essas atividades podem funcionar como lembretes e se tornar pausas naturais durante o dia para que você possa sair do piloto automático.

Esta prática pode ser útil sempre que as coisas estiverem estressantes ou difíceis, oferecendo-lhe um espaço para buscar a resposta adequada ao jeito como as coisas *realmente* estão para você no momento. *A intenção não é mudar a experiência*, mas o espaço criado para a respiração em três passos é um bom ponto de partida para a próxima fase.

Os três passos

1.

O que há aqui? Vivendo a experiência como ela é... Sensações do corpo? Atividade da mente? Ocupado ou calmo? Pensamentos/ preocupações? Tom emocional?

2.

Focar apenas nas sensações causadas pela inspiração e pela expiração.

3.

Expandir o foco para vivenciar o corpo todo aqui. Conexão com o solo, a cadeira? Forma do corpo? Postura? Expressão? Lugar que o corpo ocupa? Espaço ao redor do corpo neste lugar?

Parte II

Atenção Plena e os desafios da vida

A Atenção Plena oferece respostas a uma série de dificuldades porque seu foco está em como podemos vivenciá-las.

Lidar com a dificuldade

Na segunda parte deste livro vamos examinar alguns dos muitos contextos em que a Atenção Plena pode ser útil. Frequentemente, essas situações dizem respeito aos nossos limites. Os problemas inerentes a cada uma delas podem ser percebidos de forma bastante diferente uns dos outros. No entanto, a Atenção Plena é capaz de oferecer uma resposta a essa gama de dificuldades porque seu foco está em como podemos vivenciá-las, e não nas dificuldades em si.

De acordo com o que exploramos até agora neste livro, a Atenção Plena nos oferece uma maneira de ver nossa experiência com clareza, do jeito que ela é agora. Isso pode realmente nos ajudar a estar conectados a aspectos da vida como a degustação de comidas deliciosas, um abraço em nossos filhos ou a contemplação de um belo pôr do sol. Podemos de fato sentir, ver e ouvir o parque, a praia ou as montanhas conforme caminhamos, permitindo-nos apreciar e sentir uma conexão com o mundo em que vivemos. Estamos nos abrindo para as experiências que já existem em nossa vida.

Mas em que medida isso é apropriado quando as circunstâncias são difíceis e desagradáveis ou diferentes do que gostaríamos que fossem?

Faz parte da natureza humana reagir às situações que são percebidas como desagradáveis. Por exemplo, quando sentimos dor ou desconforto (físico ou emocional), bem podemos desejar que as coisas fossem diferentes do que são atualmente. Naturalmente, sempre que for fácil resolver as dificuldades que ocorrem na vida, é isso que faremos. É natural querer mudar, contornar ou fugir das circunstâncias e das sensações físicas ou emoções que nos levam a sofrer. Mas, com muitas situações difíceis, nem sempre é tão simples. Na maioria das vezes não há solução fácil, e mesmo quando já tentamos de tudo a situação indesejada pode permanecer inalterada.

Como, então, a Atenção Plena pode ser relevante quando nos encontramos "no limite"? Afinal, ela nos convida a nos voltar para as circunstâncias desafiadoras da vida e a investigá-las atentamente. Isso não as tornaria muito piores? Surpreendentemente, consideramos que não é esse o caso.

Pode ser útil aqui fazer uma comparação com o clima. O clima tem muitos "humores" e muda sempre – em algumas partes do mundo mais do que em outras! Em alguns dias sopra um vendaval, a chuva cai com força e faz muito frio, enquanto outros dias são quentes, ensolarados e calmos. Mesmo que às vezes não gostemos, entendemos que esse é o modo como o clima se comporta – não podemos controlá-lo nem mesmo prevê-lo de forma confiável; só temos de nos adaptar e responder a quaisquer condições que ele traga.

Você pode achar interessante investigar se encara a vida e sua experiência dessa forma. Será que você é tão compreensivo quanto ao fato de que as circunstâncias da vida irão variar? Será que se sente igualmente tranquilo ao saber que a vida às vezes será tempestuosa e difícil e, outras vezes, calma e pacífica? Você entendeu que, quaisquer que sejam suas circunstâncias atuais, elas vão mudar e que nada dura para sempre?

É comum termos uma crença – ou talvez apenas uma esperança – de que a vida pode e deve ser perpetuamente ensolarada e calma, sem qualquer situação difícil e estressante para nos desafiar. Se acreditamos nisso, segue-se então que podemos estar tentando atingir essa situação estável, agradável e, portanto, sentir-nos muito frustrados, insatisfeitos e desapontados caso as coisas não corram dessa forma (lembre-se de que vimos como a modalidade mental do fazer muitas vezes pode incentivar esse ponto de vista; ver págs. 36-45). É normal querer manter os momentos agradáveis da vida e evitar, fugir ou corrigir os difíceis. Mas, embora isso seja compreensível e esperado, todo esse esforço pode não ser capaz de nos dar o que realmente gostaríamos. A menos que escolhamos nos mudar para uma parte do mundo onde possamos garantir as condições climáticas, na maioria das vezes só precisamos encontrar formas adequadas de nos *adaptarmos* ao clima que encontramos na vida.

Ao encontrar a dificuldade

Os exemplos a seguir apresentam uma dificuldade ou desafio que você pode encontrar, como uma dor crônica, pensamentos preocupantes, uma doença, um chefe difícil, um filho questionador, engarrafamento de trânsito ou uma tarefa no trabalho que o leva aos seus limites. Essas experiências podem vir de dentro ou de fora, de eventos ou de pessoas que você conhece ou que fazem parte de sua vida.

Às vezes, demonstramos esses desafios nas aulas de Atenção Plena porque isso nos ajuda a nos conectarmos com nossos sentimemtos e a reagir às várias dificuldades – e nos ajuda também a perceber o impacto que nossos sentimentos e reações têm sobre a dificuldade em questão e sobre nós mesmos. Com frequência nos referimos ao exercício de dançar com a dificuldade (ver pág. 78), em que a energia do ataque do oponente é recebida e redirecionada, em vez de bloqueada ou superada.

A Atenção Plena nos oferece uma maneira diferente de responder, visto que ela pode nos ajudar a desenvolver habilidades para ver claramente todas as circunstâncias e construir nosso repertório de respostas. Podemos sair dos padrões habituais de reação e, em vez disso, aprender a responder com sabedoria. Podemos estar despertos para nossas escolhas e perceber como cada uma das ações interage com nossas dificuldades. Há uma relação ativa entre nós e elas. Ao considerar essas coisas, você pode reconhecer maneiras pelas quais tende a lidar com as dificuldades da vida. Há uma maneira familiar, ou talvez existam várias.

CHOQUE

Você pode não saber como responder no exato momento. A dificuldade pode desequilibrá-lo, ou você pode se sentir como se ela o tivesse derrubado. Por exemplo:

- A chegada de uma conta inesperadamente alta.
- Um amigo conta que recebeu o diagnóstico de câncer.

EVITAÇÃO

Você tenta se distanciar de algo e dos sentimentos que isso lhe provoca. No entanto, apesar de seus esforços, você percebe que isso não fará o problema desaparecer. Por exemplo:

- Certa noite você tem uma experiência ruim com uma pessoa briguenta ao voltar para casa de ônibus, e, assim, decide evitar todas as viagens de ônibus daí em diante. Mas você ainda tem de ir do trabalho para casa de alguma forma.
- Você às vezes é obrigado a fazer apresentações no local de trabalho e, apesar de ter sido informado de que as apresentações dadas até agora foram boas, fica tão ansioso por ter de falar em público que decide mudar de emprego. Mas outros empregos também exigirão que você faça apresentações.

ENTERRAR A CABEÇA NA AREIA

Você deseja sair de uma dificuldade e espera que, escondendo-se, ela desapareça. Mas essa dificuldade não irá para lugar algum e ainda estará aí quando você sair novamente. Por exemplo:

- Você tem tido problemas em seu relacionamento amoroso e sua forma de lidar com isso é fingir que vai passar e que você não precisa fazer nada.
- Seu filho ou filha adolescente está ficando fora de casa até bem tarde com amigos que você não aprova, mas você se convence de que é apenas uma fase passageira.

BATALHA

Você encara a dificuldade diretamente e tenta da melhor maneira possível fazer com que ela desapareça. Mas acaba descobrindo que a dificuldade só faz com que você recue mais, e, como você continua a travar a batalha, fica mais cansado. Por exemplo:

- Você tem trabalhado arduamente e está cansado e estressado, mas decide que, se trabalhar só aquele pouquinho a mais, tudo estará pronto e as coisas ficarão bem.
- Você está preocupado com a possibilidade de ter um sério problema de saúde e compra todos os remédios disponíveis para ficar melhor.

Exercício: Dançar com a dificuldade

Como um lutador de *aikido* ao enfrentar um adversário, por meio da Atenção Plena você pode experimentar enfrentar uma dificuldade da vida.

1 No momento em que se aproxima de seu "adversário" a curta distância, você está equilibrado e estável, firmemente ligado ao solo.

2 Ao ver e sentir a dificuldade em detalhes você percebe suas características e padrões.

3 Mesmo que ela seja realmente poderosa, se você chegar bem perto, poderá redirecionar ou desviar a energia ou a força dela.

4 Agora que a energia foi desviada, é possível movimentar-se para que você e seu "adversário" fiquem lado a lado. Nenhum dos dois está usando o outro como apoio.

5 Agora é possível direcionar a força, mesmo que ela continue poderosa, escolhendo a direção em que você se move.

6 E isso pode virar uma dança, como o tango, em vez de uma batalha.

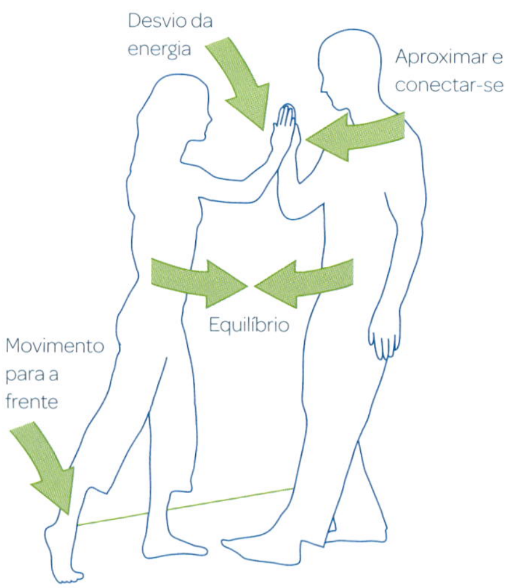

Após um acidente de carro, **Alison** passou anos com dores incontroláveis nas costas. A dor afetou-lhe o sono, e ela vivia cansada. Vivia também irritada e de mau humor. Sentia muita raiva da pessoa que tinha causado o acidente. Sua mente ficava revivendo a batida e a vida que levava antes, fazendo aflorar sentimentos de fúria e desespero. Por algum tempo ela evitou a dor com drogas e álcool.

Quando começou a praticar a Atenção Plena, Alison estava inicialmente cética, mas ao mesmo tempo precisava que essa técnica fosse "a resposta". Com a evolução da prática, ela aprendeu a ver, com curiosidade e cordialidade consigo mesma, como as coisas eram, e percebeu que sentia menos medo e estava menos tensa. Foi possível voltar-se para as experiências que estava tendo com algum grau de tranquilidade e gentileza, tanto consigo mesma quanto com sua dor. Alison acreditava que conhecia todos os aspectos de sua dor nas costas, mas, com a consciência plenamente atenta, começou a perceber os detalhes mais claramente. Entendeu seus padrões e reconheceu a natureza interativa de seus processos físicos, emocionais e mentais. Percebeu como a raiva enrijecia seu corpo, aumentando a dor, e como os pensamentos que se repetiam em sua mente pioravam seu humor de maneira significativa. Alison também passou a notar, com surpresa, que havia momentos do dia em que não tinha mais dor e, mesmo quando tinha, isso não fazia com que necessariamente parasse de desfrutar a vida.

Naturalmente, algumas circunstâncias influenciam nossa experiência. Na primeira metade deste livro, observamos como nossa percepção de uma situação e nossa resposta a ela podem ser importantes. A Atenção Plena ajuda a desenvolver a flexibilidade e a capacidade de resistência, fazendo-nos estar presentes na experiência, ver com clareza todos os seus aspectos e ser criativos na maneira como respondemos a ela. Um surfista, por exemplo, interage com as ondas. Seu equilíbrio e sua sensibilidade à energia e à natureza dos desdobramentos da onda, bem como sua postura na prancha, permitem uma relação dinâmica entre eles. A prática da Atenção Plena possilita-nos aprender a "surfar nas ondas da vida".

04.

Atenção Plena e depressão

Sarah Silverton

A depressão é muito comum: afeta uma em cada quatro pessoas em algum momento da vida.

Os sintomas da depressão

A depressão afeta uma em cada quatro pessoas em algum momento da vida. De acordo com a Organização Mundial da Saúde – OMS, há cerca de 121 milhões de pessoas com depressão em todo o mundo. Não percebemos como a doença é comum porque quem sofre com ela em geral não fala sobre a experiência – nem mesmo com amigos próximos e familiares –, e ela pode não ser óbvia para os outros.

O termo "depressão" é usado corriqueiramente para descrever uma gama de emoções: tristeza, decepção, frustração ou tédio. Dessa forma, ele descreve as emoções que todos nós podemos esperar, já que a vida é feita de desafios e reviravoltas. A depressão como *doença*, no entanto, é uma experiência bem diferente da tristeza que a maioria das pessoas sente. Também é importante sublinhar que muitas vezes ela anda de mãos dadas com a ansiedade.

O CICLO DA DEPRESSÃO

O corpo, as emoções, os pensamentos e os comportamentos *interagem* quando estamos deprimidos e quando reagimos a essa experiência dolorosa. Embora a experiência da depressão de cada um seja uma combinação única, alguns sintomas comumente descritos por pessoas que sofrem da doença são opostos. Os médicos diagnosticam a depressão quando cinco ou mais desses sintomas forem experimentados ininterruptamente durante um período de pelo menos duas semanas.

Pensamentos pessimistas ou de culpa, comuns na depressão, podem ser um gatilho para o mau humor e afetar as sensações corporais. O mau humor, por sua vez, aumenta a probabilidade de pensamentos negativos. O estado do corpo também pode ter um impacto direto sobre as emoções. O cansaço, por exemplo, pode fazer com que nos sintamos para baixo, e até mesmo o fato de baixarmos o olhar e nos sentarmos de qualquer jeito pode piorar nosso humor e ser um gatilho para o pensamento depressivo.

Corpo

- Fadiga
- Sentimento de lentidão física
- Distúrbios do sono, como dificuldade para dormir, para acordar pela manhã ou dormir muito mais do que o habitual
- Distúrbios alimentares, como perder o apetite ou comer para se sentir bem
- Perda ou ganho de peso
- Choro
- Ansiedade

Emoções

- Tristeza
- Letargia
- Perda de interesse em coisas que normalmente eram agradáveis
- Irritação
- Raiva
- Sentimento de entorpecimento/desconexão das emoções
- Culpa
- Vergonha

Pensamentos

- Autocrítica • Pessimismo
- Falta de disposição
- Sentimento de culpa
- Questionamento/dúvida em relação à autoestima
- Crença de que as coisas estão erradas ou não completamente certas (em si ou na própria vida)
- Pensamentos sobre morte
- Ruminação de pensamentos e dificuldade para "se desligar"
- Dificuldade de se concentrar ou pensar com clareza

Comportamento

- Afastamento de atividades normais
- Isolamento/fuga dos contatos sociais
- Envolvimento em atividades que distraem dos sentimentos ou bloqueiam os pensamentos, como excesso de trabalho ou uso de drogas ou álcool
- Padrões alimentares alterados – mais ou menos do que o habitual
- Tendência a ficar de cama
- Padrões de sono alterados – mais ou menos do que o habitual
- Propensão a ser briguento

As causas da depressão

A depressão pode ser causada por uma combinação de fatores. O desequilíbrio bioquímico é uma das causas, mais evidente em alguns tipos de depressão, como a pós-parto. Os antidepressivos visam corrigir o desequilíbrio bioquímico.

A depressão também pode ser causada por eventos da vida, entre os quais relações difíceis com os pais ou outras pessoas que cuidavam de nós na infância, traumas ou perdas em qualquer época da vida.

Há também cada vez mais evidências de que, quanto maior o número de episódios de depressão no passado, mais facilmente a doença poderá retornar. Depois de dois episódios, os gatilhos para ela ficam mais sensíveis. John Teasdale (ver págs. 14-17) destaca como essa relação pode se tornar sensível ao longo do tempo, quando até mesmo experiências normais, como acordar se sentindo cansado ou com uma tristeza incompreensível, podem iniciar um processo de possível retorno da depressão. Se esse padrão não for compreendido, a experiência depressiva poderá se desenvolver, se desdobrar e se estabelecer sem ser percebida. Muitas pessoas não têm ideia das causas do início de um episódio de depressão e, compreensivelmente, acham isso muito assustador.

Padrões de reação

Enquanto lê este capítulo, você poderá notar modificações nas sensações de seu corpo ou alterações em seu estado de espírito. A simples leitura de certas palavras pode lembrar os momentos em que estava deprimido e provocar alterações no humor e no corpo. O gatilho pode ser algo que está acontecendo ou uma experiência física ou mental. Ele dá início à cadeia de eventos subsequentes. Dependendo da natureza da pessoa, pode-se de fato *intensificar* a experiência inicial (ver pág. 104 sobre como nosso ponto de vista das experiências passadas é capaz de matizar o presente).

Como pressupostos criam significados

Você está esperando um amigo ligar, mas ele não liga...

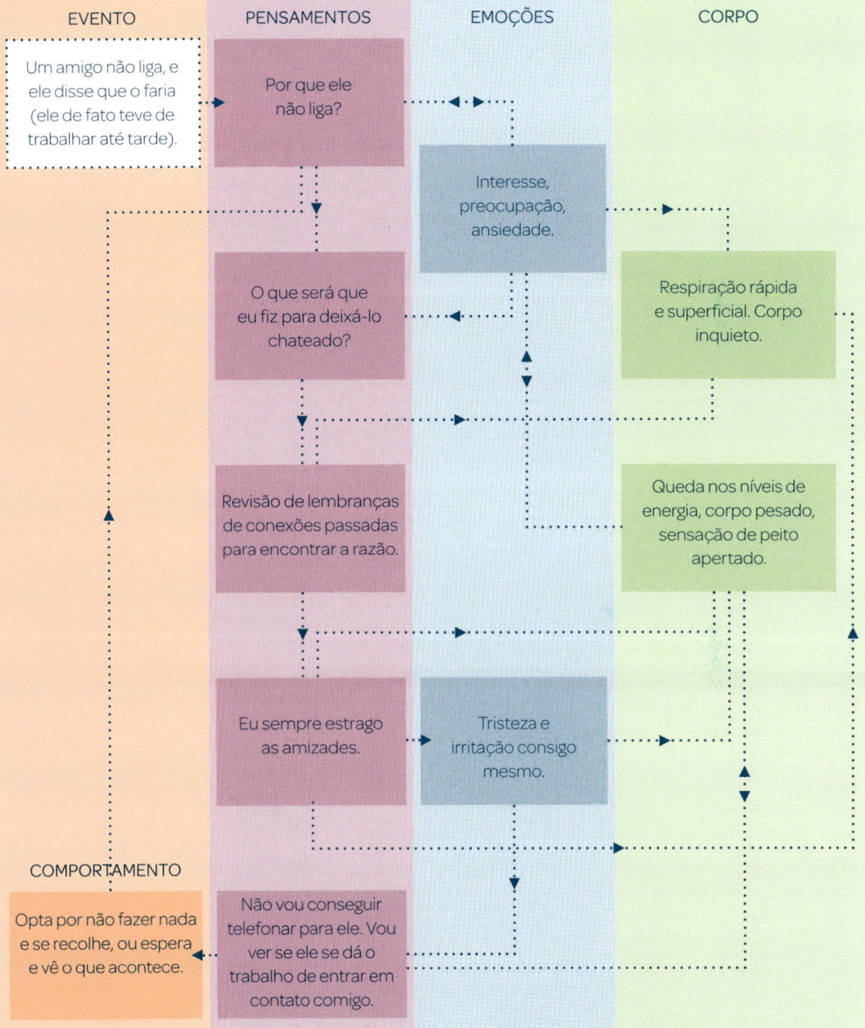

A cadeia de pensamentos e emoções não condiz com a circunstância de que o amigo teve de trabalhar até tarde.

A percepção dos fatos

O tempo todo recebemos e damos sentido a um grande volume de experiências. Ao fazê-lo, não absorvemos todas as informações do mesmo jeito, mas as selecionamos com base na maneira como tendemos a ver o mundo. Absorvemos algumas coisas e perdemos outras. É como se usássemos lentes para filtrar nossa experiência.

Os relatos dados por testemunhas de um crime variam imensamente – os detalhes, mesmo os fundamentais, podem ser percebidos de maneiras radicalmente diferentes por pessoas que viram o mesmo evento. Quando nos olhamos em um espelho, costumamos dar atenção à nossa pior característica, não percebendo as qualidades de que gostamos!

A mente criativa preenche as lacunas

Recebemos informações sobre nossas experiências através dessa lente perceptiva, e em seguida elas também são *interpretadas* para que façam sentido para nós. Nossa mente precisa *saber*. Esse é um processo humano normal que afeta todo mundo, mas que tem importância especial para quem fica deprimido. Se não sabemos todos os fatos, a mente acha muito difícil reconhecer o que ela não sabe e vai ficar ocupada tentando preencher as lacunas. As ilusões de ótica são uma boa maneira de demonstrar como a mente busca significados.

A mente preenche as lacunas de nossa compreensão com base na experiência passada e nas nossas crenças fundamentais. Porque a informação é tão familiar, é provável que a história criada pela mente seja verossímil para nós: ela faz sentido. Estaremos, em seguida, muito menos propensos a questionar nossas suposições e nos veremos agindo a partir delas como se fossem fatos incontestáveis, comprovados. As suposições de uma pessoa deprimida podem ser bastante diferentes das de alguém que se sente bem e confiante.

Susie no ônibus

Leia as sentenças abaixo uma de cada vez e observe a imagem que lhe vem à mente *após cada frase*:

1.
Susie está viajando em um ônibus por um caminho que ela faz quase sempre.

2.
Ela leva um ursinho preferido no colo e se sente muito feliz.

3.
Ela está ansiosa para encontrar a neta, já que faz tempo que não a vê.

4.
A recente viagem que fez sozinha para velejar ao redor do mundo a deixou longe da família durante muitos meses.

O que você notou? Sua mente evocou imagens e ideias de quem é Susie? Essa imagem foi se alterando à medida que aumentavam as informações sobre ela?

Como lidar com a depressão

A experiência da depressão é difícil e profundamente desagradável. Naturalmente, não desejamos nos sentir assim e tentamos evitar ou corrigir a experiência. A estratégia de muitos é entorpecer-se ou evitar a dor.

Essas estratégias de enfrentamento podem funcionar bem por períodos curtos. Ir para a cama pode parecer uma solução razoável para a experiência de pensamentos dolorosos, de um corpo cansado e da sensação de vulnerabilidade. O sono interrompe a dor. Mas, em vigília, as coisas continuam iguais, e deitar na cama oferece apenas um tempo ininterrupto para ter pensamentos assustadores ou perturbadores. Há casos em que a família e os amigos, que poderiam ajudar a encontrar uma nova perspectiva ou oferecer apoio nessa experiência dolorosa, foram afastados.

Uma abordagem radicalmente diferente

Como vimos nas páginas anteriores, enquanto a mente tenta ajudar a encontrar o sentido da experiência, inconscientemente podemos aumentar a agonia ao tentar pensar muito a respeito dela. Esse processo é chamado de *ruminação*. O modo como enxergamos a experiência e damos sentido a ela e os desdobramentos subsequentes de pensamentos, emoções e sensações físicas podem acontecer muito depressa e, em sua maior parte, automaticamente. Podemos nos descobrir presos num buraco mental, com os pensamentos de sempre, sentindo as emoções relacionadas a eles e nos comportando do modo habitual sem de fato ter decidido agir assim.

Por outro lado, conforme foi explorado na primeira parte deste livro, observar nossa experiência por meio da prática da Atenção Plena, afastando-nos um pouco para dar espaço para que ela seja o que de fato é no momento – mesmo que seja uma experiência muito difícil –, pode alterar fundamentalmente nossa forma de percebê-la.

O convite da Atenção Plena para que observemos e sintamos os detalhes da experiência pode parecer estranho, mas faz muito sentido. Imagine que você está dirigindo e começa a cair uma tempestade. O que você faz?

- Ignora a tempestade e viaja na mesma velocidade de sempre?
- Para o carro por causa do que poderia acontecer?
- Acelera para deixar para trás essa situação perigosa o mais rápido possível?

Você também poderia:

- Diminuir a velocidade e avaliar os detalhes da situação em que se encontra.
- Verificar a estrada, tanto quanto a vista alcança, para ver se há muitos perigos.
- Verificar a inclinação da estrada mais adiante.
- Olhar se a estrada é larga ou estreita e se existem valas grandes ou acostamentos nas laterais.
- Avaliar a capacidade de seu veículo para lidar com as atuais condições da estrada.
- Avaliar suas próprias habilidades e experiência de condução nessas condições.

Com essas informações, você pode escolher um curso de ação apropriado. Talvez seja seguro continuar dirigindo, caso a chuva não tenha formado poças ou não impeça totalmente a visão, ou talvez você precise diminuir a marcha e ir mais lentamente; talvez você deva tentar achar um abrigo seguro e prosseguir mais tarde. *Nenhuma dessas opções exige que a estrada seja alterada*.

A Atenção Plena nos permite passar pela experiência dolorosa da depressão de uma maneira semelhante: ver nosso ambiente interno e externo com clareza e rapidamente, mesmo que eles pareçam lugares ameaçadores e perigosos. Isso, por sua vez, nos oferece a possibilidade de escolher a melhor forma de responder ao problema.

A resposta atenta

Pensamentos, emoções, corpo e comportamento estão interligados. É importante lembrar disso conforme aprendemos a responder de forma plenamente atenta. Focar a resposta no corpo também afeta nosso humor, e responder aos pensamentos afeta o corpo e as emoções.

Quando seus pensamentos estiverem particularmente ativos, o caminho mais sábio talvez seja escolher uma resposta que enfoque a tensão que também está surgindo em seu corpo. Ou, se o corpo estiver muito pesado e cansado, pensamentos bons e encorajadores podem ser uma resposta mais fácil do que algo com movimentos.

Afaste-se, ou "descentralize-se"

Quando paramos e enxergamos as coisas como elas realmente são no momento, damos um passo para fora da densa neblina da depressão. Encontramos um lugar diferente, que nos propiciará uma perspectiva diferente da experiência. A capacidade de fazer uma pausa, descentralizar-se e explorar o que há aqui permite-nos descobrir que o nevoeiro *não é tudo o que existe* e que ele *não existirá para sempre*.

Ter curiosidade gentil sobre o que está aqui

O desenvolvimento da curiosidade sobre nossa experiência é outra mudança importante. A curiosidade envolve *enfrentar* a experiência difícil, em vez de evitá-la. Com essa atitude conseguimos dar respostas mais criativas. Conseguimos distinguir nossos pensamentos, nossas emoções e nossas sensações corporais e enxergar suas interações. A partir do momento em que a experiência de estarmos plenamente atentos à dificuldade cresce, ficamos com muito menos medo de nos sentir assim e aprendemos que é seguro explorá-la.

Ver os pensamentos como eventos mentais

Na prática da Atenção Plena, conviver com os pensamentos, em especial aqueles que vêm acompanhados de emoções fortes e dolorosas, é a experiência mais difícil. Normalmente, somos tragados pelos pensamentos. É preciso um pouco de prática para conseguirmos nos afastar deles e os enxergarmos com clareza. Pode ser útil considerar o seguinte:

- O que seus pensamentos estão dizendo? São sobre o passado (reflexões, lembranças, revisão de eventos), o futuro (antecipando, planejando, se preocupando) ou o agora (comentários, julgamentos)?
- Você reconhece os pensamentos familiares?
- Comparando os pensamentos com nuvens passageiras, eles são claros e leves ou escuros e pesados? Eles parecem ocupar todo o céu?
- Qual é a velocidade ou a energia do fluxo dos pensamentos? São muitos pensamentos ou apenas alguns pensamentos poderosos que vão e voltam?
- São do tipo que tende a aparecer quando você está para baixo? Como uma febre alta que acompanha a gripe, eles podem ser vistos apenas como um sintoma, sem exigir muita atenção, ou você acha que eles têm algo a dizer?
- Observe o sabor e as "distorções" de seus pensamentos. Eles generalizam muito ou são como uma bola de cristal que tenta prever o futuro? Há muitos pensamentos do tipo "devo", "deveria" ou "seria melhor"?
- Seja cordial com esses pensamentos e consigo mesmo. Talvez você ainda possa acolhê-lhos como visitantes bem conhecidos.
- Permita que seus pensamentos existam sem desafiá-los ou bloqueá-los, mas também sem lhes dar muito crédito.

Se você imaginar os pensamentos como trens, é como se você tomasse cada trem que passa mesmo que não quisesse ir até o destino final! Nossa mente é dominada por todas as ideias e vai parar em locais distantes, sem ligação aparente com o ponto de partida.

A Atenção Plena nos permite *decidir* embarcar ou não em um trem de pensamentos. Se já estamos a bordo, ela nos permite escolher descer na próxima parada.

Essa abordagem dos pensamentos depressivos é um pouco diferente. Algumas técnicas terapêuticas buscam analisar os pensamentos que surgem para descobrir suas raízes na história da pessoa. Outras convidam a encontrar pensamentos alternativos que sejam mais precisos e adequados às circunstâncias atuais.

A Atenção Plena não exige que "trabalhemos" com os pensamentos, mas nos convida a desenvolver um lugar estável a partir do qual possamos enxergá-los com clareza. Abrir espaço para eles em nossa experiência parece dar-lhes muito menos força.

Como mudar o foco da atenção

Na prática da Atenção Plena aprendemos que é possível escolher o foco da atenção e que, mesmo que a mente ainda seja levada para lugares difíceis, podemos nos reorientar e colocar a atenção onde quisermos. É possível encontrar focos alternativos que façam com que nos sintamos mais estáveis. Podemos mudar o foco para:

- As *sensações de movimento no corpo* ao respirarmos. A respiração pode funcionar como uma âncora para nos conectar ao agora sempre que nosso clima emocional estiver tempestuoso.
- Os sons ao nosso redor, focando em seus detalhes e também nos conectando a uma visão mais ampla do estar/ser agora.
- *Ver* os detalhes do que existe agora em torno de nós.

A Atenção Plena permite que o *foco da atenção* se dirija a outras experiências do momento. A vida é uma tapeçaria composta de muitos fios diferentes, alguns dos quais escuros. Quando a situação é dolorosa, podemos nos concentrar exclusivamente no que é sombrio e perder de vista outras experiências que estão também aqui. No entanto, a tapeçaria sempre oferece aos sentidos outras cores e texturas.

Abrir a consciência para incluir o vasto leque de nossas experiências é bem diferente da estratégia defensiva de "compartimentar" as situações dolorosas (evitando-as ou empurrando-as para longe). Ao praticar a Atenção Plena, permitimos que as experiências difíceis estejam aqui, mas no plano de fundo.

Durante as aulas de Atenção Plena, pedimos que as pessoas mantenham um diário por uma semana e relatem suas experiências agradáveis (não precisam ser grandes) – talvez você possa fazer o mesmo. Muitos ficam alegremente surpresos com o número de experiências agradáveis que já estão presentes na vida. Eles só as tinham deixado de lado porque focavam as experiências problemáticas e supostamente mais importantes.

Viver agora

A consciência plena de nossa experiência *agora*, em vez de no passado ou no futuro, representa um passo significativo em direção a uma nova perspectiva.

Hazel estava acordando mais cedo que o normal, com a mente ocupada e preocupada. E se preocupava com o significado dessa perturbação do sono. Estaria ficando deprimida de novo? Lembranças vivas e perturbadoras vinham-lhe à mente.

Ao trazer o foco da atenção apenas para a experiência do momento, ela notou que, embora continuasse acordando mais cedo, não se sentia mais cansada e tinha dormido o suficiente. Observando a velocidade e o tom de seus pensamentos, reconheceu alguns que lhe eram familiares. Em vez de dar muita atenção a eles, decidiu focar nas sensações de seu corpo no momento. Hazel posicionou-se confortavelmente na cama e fez a mente percorrer seu corpo lenta e suavemente. Ela descobriu que existiam muitas experiências ali que lhe diziam que as coisas estavam muito bem *naquele* momento. Por exemplo, ela estava aquecida e confortável. Explorar a experiência física garantiu à sua mente ocupada outra coisa com que se envolver naquela hora.

A Atenção Plena nos permite ver com clareza nossos ambientes interno e externo. Isso nos ajuda a escolher a melhor resposta.

Como cuidar de si mesmo

Quando tomamos consciência de nossos padrões habituais e notamos que estamos nos sentindo por baixo ou vulneráveis, isso também nos permite escolher maneiras de cuidar de nós mesmos. Podemos aprender a dar à experiência uma resposta sensata, cordial e flexível. As ações a seguir podem ser úteis:

- *Ouvir música, dançar, tomar um banho quente, comer bem, beber uma xícara de chá ou caminhar* podem fazer você atender ao corpo ou à mente.
- *Passar o tempo com um bom amigo ou animal de estimação, apreciar o pôr do sol ou receber um abraço* podem ajudá-lo a se sentir menos sozinho e parte de algo maior.
- *Pagar uma conta, limpar o carro, excluir os e-mails antigos ou fazer uma faxina geral* podem dar-lhe uma sensação de realização ou controle sobre a vida.
- *Desenhar, escrever poemas, fazer tapeçaria ou jardinagem* são maneiras agradáveis e criativas de passar o tempo.
- *Degustar a comida, sentir a água morna e o cheiro do xampu ao tomar banho, ver o rosto de seus familiares à mesa, lavar a louça e dirigir o carro* são algumas oportunidades de realizar as atividades diárias com atenção plena.

Essas são apenas algumas possibilidades de como cuidar de si mesmo. É importante que todas as suas escolhas sejam uma resposta plenamente atenta ao que você está sentindo no momento. Assim você emprega a mente do "ser", que é curiosa, em vez da mente que deseja ou precisa que as coisas sejam diferentes.

Prática do movimento

Quando deprimidos, com frequência nos sentimos letárgicos – nosso impulso é recuar, nos curvar e parar. No entanto, há provas claras de que, ao alterar a postura para nos sentarmos de maneira ereta e elevada, com o peito aberto, os ombros para trás, o olhar levantado e o queixo levemente para cima, nosso humor melhora. Sorrir também pode ajudar, mesmo que não estejamos nos sentindo felizes.

Movimentar-nos quando nos sentimos cansados ou para baixo é aparentemente ruim (pode até parecer impossível). Mas o exercício físico pode ter um impacto positivo sobre o humor e os níveis de energia. Acredita-se que a energia é um recurso precioso e limitado, que precisa ser conservado. Parece lógico esperar até sentirmos que nossas reservas de energia estão em níveis mais elevados para que a possamos usar. Surpreendentemente, esse não é o caso.

Andar rápido, alongar-se ou nadar regularmente podem de fato fazer uma boa diferença para o corpo e para o humor. Quando nossos pensamentos são pessimistas, poderosos e convincentes, abordar a dificuldade com o corpo pode ser uma resposta melhor do que responder diretamente aos pensamentos.

Quando estamos deprimidos, nossa energia se parece mais com uma fonte do que com uma lagoa. Se desbloquearmos a fonte por meio de movimentos uniformes muito gentis e atentos, a energia começa a fluir novamente.

Gentileza e depressão

A experiência da depressão é dolorosa e tem muitas facetas. Quando um amigo se sente assim, desejamos oferecer-lhe apoio e carinho. Na verdade, muita gente que passa pela depressão sente que é muito difícil ser bom com outras pessoas ou receber delas um pouco de bondade. Os elogios podem ser entendidos como algo hipócrita ou não merecido (ou simplesmente não serem entendidos como elogio).

Inicialmente pode ser possível apenas observar as críticas que fazemos a nós mesmos. Mas talvez seja possível responder – mesmo de maneira tímida – com bondade *porque* essa é a maneira como estamos pensando e sentindo. Reconhecer que estamos sofrendo pode ser um primeiro e importante passo para sermos cordiais com nós mesmos.

Nas aulas de Terapia Cognitiva com Base na Atenção Plena (MBCT) (ver págs. 14-17), os participantes veem a autocrítica dos outros e percebem que ela não tem razão de ser. Esse pode ser um momento útil para se perguntar: "Na minha autocrítica, será que também sou injusto?"

05.

Atenção Plena contra o estresse e a ansiedade

Vanessa Hope

A Atenção Plena
nos convida
a nos voltarmos para
nossas experiências,
pois as tentativas de
alterá-las, corrigi-las
ou fugir delas
não funcionaram,
e o estresse ainda
está aqui.

Como lidar com o estresse e a ansiedade

Há mais de trinta e cinco anos o treinamento em Atenção Plena tem ajudado pessoas com muitos tipos de estresse. Na verdade, quando Jon Kabat-Zinn (ver págs. 13-14) começou a ensinar essa prática, na década de 1970, deu ao curso o nome de Programa de Redução do Estresse com Base na Atenção Plena.

Desde então, a vida parece ter se tornado ainda mais estressante para todos. O estresse aparece em todos os lugares: no trabalho, em casa, nos relacionamentos, nas finanças, e com ele surgem pensamentos preocupantes que podem provocar medo ou ansiedade, com impacto no corpo e nas emoções.

Por que a Atenção Plena é tão útil para reduzir o estresse? Porque ela nos convida a lidar com as dificuldades de forma radicalmente diferente, sem tentar corrigir as causas do estresse ou eliminar as dificuldades. O treinamento em Atenção Plena nos pede, em vez disso, que cheguemos bem perto e investiguemos nossas dificuldades, porque essa é a nossa experiência do momento.

Apenas quando olhamos de perto e entendemos o que realmente está acontecendo, podemos decidir melhor o que fazer. O primeiro passo é explorar e reconhecer os problemas do modo como eles são agora e dedicar-lhes toda a atenção.

Enxergando o estresse

Pergunte a si mesmo: "Quais são as tensões em minha vida neste momento?" Reflita um pouco sobre elas (talvez você possa escrever sobre elas). Estão relacionadas com dinheiro? Com o trabalho? Com a família?

Pergunte a si mesmo: "Como reajo quando estou estressado com esses problemas?" A primeira coisa que vem à mente pode ser o *resultado* de se sentir estressado, como gritar com alguém. Tente anotar o que acontece com seu corpo e seu humor. Que pensamentos surgem em sua mente? O que você faz?

Você pode perceber aqui que estamos desenrolando aos poucos os fios de nossa experiência. Quando um novelo de lã está muito emaranhado, ele fica ainda pior se tentarmos desenredá-lo puxando uma ponta solta. No entanto, se o desenredarmos suavemente, os fios se afrouxam e se desembaraçam.

Temos a tendência de rotular o que está acontecendo como estresse e depois como algo incontornável. Mas, se investigarmos o que *realmente* acontece, começamos a perceber que o estresse é composto de muitas coisas. O espaço criado pela atitude de parar e enxergar oferece a chance de lidar com o estresse.

A natureza do estresse

O estresse é a reação natural do corpo a uma suposta ameaça. Em situações de emergência, o instinto básico do ser humano é garantir a sobrevivência. Nos tempos primitivos, as ameaças exigiam reações físicas rápidas. Com a vida ameaçada por um animal selvagem, as opções das pessoas eram o ataque, a fuga veloz ou a total imobilidade. Nosso corpo reage imediata e automaticamente. Isso acontece com o auxílio do sistema nervoso simpático, que libera os hormônios adrenalina e cortisol, que nos preparam para a ação.

Mas, e isso é muito importante, nosso corpo reagirá da mesma velha maneira programada seja à ameaça externa (como um carro derrapando em nossa direção) ou interna (como o pensamento perturbador de pedir ao vizinho que faça menos barulho e as possíveis consequências dessa atitude).

Reações físicas

Na próxima página você poderá ver como o seu corpo reage ao estresse. Perceba como as reações que você apresenta são naturais e instintivas (ver pág. 100).

Em tempos primitivos, depois que as pessoas respondiam a uma ameaça por meio do ataque ou da fuga, a adrenalina e o cortisol de seu organismo se esgotavam. Isso disparava uma reação do sistema nervoso parassimpático, que liberava os hormônios oxitocina e vasopressina para acalmar corpo e mente.

Naturalmente, um pouco de estresse é positivo, como o que pode surgir quando somos promovidos ou quando casamos – observe que o tédio também pode ser muito estressante.

Na vida moderna, os fatores de estresse podem não ser as ameaças físicas. Com frequência eles nascem de nossos pensamentos, e podem ser imaginados em vez de surgirem de circunstâncias reais. O resultado é que normalmente não temos a chance de reagir fisicamente por meio da luta, da fuga ou da imobilidade.

Isso significa que não usamos os hormônios do estresse no corpo até eles se esgotarem. Eles continuam no sangue, mantendo-nos em alerta máximo, e o calmante sistema nervoso parassimpático não é ativado. Isso leva a uma hiperexcitação constante e, por vezes, crônica do sistema nervoso simpático, o que, por sua vez, pode nos trazer problemas como fadiga ou cansaço, distúrbios do sono, dores de cabeça, dores nas costas, pressão arterial elevada, ansiedade ou ataques de pânico. Se o processo se estende por um tempo longo, pode causar problemas crônicos de saúde física e mental, como úlceras, doenças cardíacas, problemas digestivos e depressão.

As tensões internas e externas podem alimentar-se umas das outras em um círculo vicioso. Por exemplo, se você não consegue dormir, fica cansado e exausto. Mas preocupar-se com as consequências de não dormir pode fazer com que o sono se torne ainda mais difícil.

A reação ao estresse

Hormônios como adrenalina e cortisol são liberados. Estes, por sua vez, provocam diversas alterações no organismo.

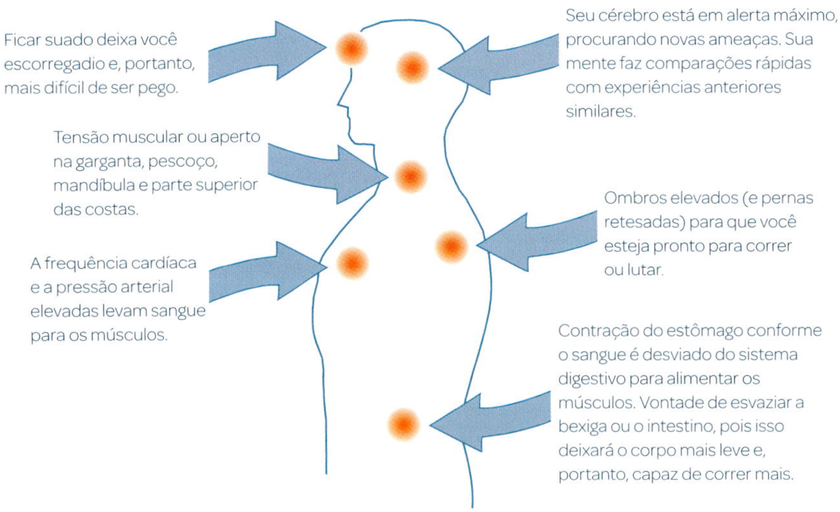

Quanto mais estressados ficamos, mais ansioso e inquieto o corpo se torna, e isso dificulta o relaxamento e o descanso. Evite situações que possam causar ansiedade.

Os pensamentos preocupantes podem ser um gerador significativo de estresse em nossa vida. Podemos, inclusive, nos tornar pessoas cronicamente preocupadas. Cada coisinha causa preocupação, e passamos a nos atormentar com o que *poderia* acontecer. Isso consome muita energia e pode nos manter quase permanentemente no modo lutar ou fugir.

- Você consegue reconhecer as formas como lida com o estresse?
- Enxerga em si os comportamentos lutar, fugir, imobilizar-se?
- Adota todos eles ou apenas um?
- Qual é a sensação dessas reações?
- Em que medida suas respostas ao estresse são eficazes?

Evitação como estratégia de enfrentamento

A evitação é o equivalente da *fuga* e merece menção especial porque é uma das estratégias mais comuns para gerenciar o medo e o estresse no mundo moderno.

É compreensível evitar circunstâncias estressantes sempre que possível – por exemplo, afastar-se de um cão que rosna. Essa estratégia pode ser apropriada se o estresse externo for realmente uma ameaça do momento.

As coisas se tornam mais complicadas quando tentamos evitar o estresse interior – lembranças incômodas e preocupações ou sensações físicas como palpitações e músculos tensos. Ou quando sentimos medo de nosso próprio medo. Depois de ter sentido medo em uma ocasião, começamos a generalizar e passamos a acreditar, ou a temer, que a mesma reação aconteça *sempre* dali em diante.

Podemos ser realmente criativos em nossas tentativas de evitação! As distrações aparecem sob muitos e diferentes disfarces, inclusive formas de *entorpecimento* (álcool ou drogas costumam servir a esse propósito). Ver televisão pode nos distrair das preocupações com o trabalho. Estando de fato ocupados, conseguimos também afastar os pensamentos, e isso nos parece útil quando nos sentimos agitados ou inquietos.

A evitação de certas atividades que causam medo (como voar de avião) pode não ter um grande impacto no cotidiano, mas se você precisa evitar todos os transportes públicos porque um dia ficou ansioso dentro do ônibus, o problema é maior. Se você evita as coisas porque elas *talvez* venham a deixá-lo ansioso, sua vida pode se tornar muito restrita, seus horizontes podem ficar cada vez mais estreitos. Ao evitar as coisas, você não faz nada para enxergar a imagem completa do modo como ela é agora, nem para compreender as raízes do medo e lidar adequadamente com ele.

Assim, fica evidente que nossas maneiras de lidar com o estresse, mesmo sendo tão naturais para nós, com frequência não se encaixam bem no mundo moderno. Elas podem até aumentar nosso nível de estresse, muito embora as utilizemos com a ideia de aliviá-lo e nos sentirmos melhor. Em nossas tentativas de resolver problemas, é possível que estejamos, na verdade, somente "jogando gravetos na fogueira" do estresse e da ansiedade.

O estresse é uma reação a uma suposta ameaça. Não é só a situação, mas o modo como a enxergamos e nossa atitude em relação a ela que nos causam estresse.

A resposta ao estresse

Até agora, estudamos nossas reações naturais (mas inúteis) em situações estressantes. Mas é provável que você se lembre de outras maneiras instintivas de ajudar a si mesmo quando está estressado.

Agora faça-se outra pergunta: "Quais são minhas respostas construtivas ao estresse? Que estratégias úteis eu tenho?" Talvez você use algumas destas: fazer um exercício, como correr, nadar, dançar; relaxar com um banho quente, alongamento ou ioga; expressar seus sentimentos através de música, arte, ou jardinagem; chamar um amigo para conversar. Mas, apesar das estratégias úteis, as inúteis podem ainda ser as primeiras a aparecer, e com mais força.

A resposta da Atenção Plena ao estresse

A Atenção Plena nos ensina a sair do piloto automático e a entrar no modo do ser, ou seja, a reduzir o ritmo mental para *estar* totalmente aqui e agora. Na Atenção Plena, aprendemos a perceber quando a mente sai do momento presente e a trazê-la de volta para onde estamos de verdade. Quando nossa atenção vaga – e ela certamente fará isso –, observamos com *curiosidade* para onde ela vai e a trazemos de volta ao foco escolhido, ou seja, o momento presente. Aprendemos a fazer isso com *paciência e carinho*, pois a mente errante é intrínseca ao ser humano.

Você pode começar a escolher, a cada momento, onde colocar a atenção. Isso lhe dará a chance de prestar atenção e ver como as sensações físicas, a ansiedade e os pensamentos assustadores interagem. Você pode optar por fazer uma pausa, sair do estado de reatividade e responder à experiência de estresse. Ao focar a curiosidade no que está aqui, você enfrenta em vez de evitar. A respiração em três passos (ver págs. 70-71) pode ser muito útil neste ponto.

Reação comum *versus* resposta plenamente atenta

Você vê um cão na rua...

Reação comum	Resposta atenta
CORPO Músculos tensos, mãos trêmulas, respiração difícil, estômago revirado.	CORPO Desaceleração, percepção da respiração, sensação dos pés tocando o chão.
PENSAMENTOS Lembrança vívida de quando você foi mordido por um cachorro na infância.	PENSAMENTOS O cão está abanando o rabo, então ele está feliz, e não irritado. Ele é grande, mas muito diferente daquele que me mordeu.
Todos os cães são realmente perigosos.	Ele está com uma coleira. Neste exato momento estou seguro.
Este cachorro vai me morder. Preciso me afastar.	Esta imagem assustadora é apenas uma lembrança de uma situação antiga.
Sinto-me péssimo. Eu não deveria me sentir assim. Acho que vou desmaiar. Isso seria TÃO constrangedor! SOCORRO!	Não é surpreendente que esta lembrança tenha surgido. Meu cérebro faz isso para tentar me manter seguro. Meus pensamentos não dizem a verdade sempre. Só meu rosto e ombros estão muito tensos. Esses sentimentos vão passar – provavelmente em breve. O medo é desagradável, mas tudo bem experimentar sentimentos difíceis.
EMOÇÕES Medo, raiva, vergonha.	EMOÇÕES Bondade, tranquilidade, apoio.

Estar no corpo

A prática da Atenção Plena nos estimula a entrar em contato com o próprio corpo. Muita gente apenas pensa em suas experiências, prestando pouca atenção ao que o corpo diz. A sociedade e a educação também incentivam esse processamento cognitivo. O corpo é um instrumento maravilhoso. Ele ilustra graficamente como e onde estamos experimentando o estresse, e isso nos dá a oportunidade de aprender a responder com sabedoria.

Se você perceber que sua mandíbula está tensa, que os ombros estão curvados ou que as mãos estão cerradas, isso significa que você está num estado de tensão. À medida que entra em sintonia com o que está acontecendo em seu corpo, você consegue também investigar os pensamentos ou as emoções que estão ao seu redor. Talvez os punhos fechados signifiquem que o desentendimento que teve com alguém ainda está presente em você. Alivie a tensão com a respiração; ao deixá-la ir embora, é possível que você também perceba que deixou de lado os pensamentos e as emoções que sem querer vinha guardando.

Do mesmo modo, caso perceba pensamentos assustadores ou emoções fortes, retorne ao corpo. O corpo está sempre no momento presente; portanto, perceber o que está acontecendo nele ajuda a eliminar a ansiedade sobre o passado e o futuro.

Tornar-se mais consciente do corpo também ensina a reconhecer e respeitar os próprios limites. Quando estamos estressados, ele informa que a tensão está se acumulando. A Atenção Plena ajuda-nos a ouvir o corpo e cuidar dele.

Deixar a luta de lado

Na prática da Atenção Plena, quando enfrentamos o que nos incomoda, começamos a ver que o próprio ato de empurrar os problemas nos põe em uma luta constante. A Atenção Plena sugere que podemos deixar de lutar e simplesmente permitir que as coisas sejam como são. Existem muitos fatores de estresse que não podemos mudar, mas podemos deixar de ficar estressados por causa deles. A história de Mary ilustra essa abordagem.

Mary passou a frequentar as aulas de Atenção Plena depois de se descobrir com uma doença crônica e progressiva. Achou todas as práticas difíceis: teve problemas com a varredura corporal porque estava com dor e inquieta; a prática dos movimentos relembrou-lhe todas as coisas que já não podia fazer; no exercício de sentar-se plenamente atenta, ficava pensando em como sua vida se tornara terrível. Mary mostrou muita coragem ao continuar frequentando as aulas.

Então, lá pela metade do curso, Mary chegou com um olhar diferente. Admirada, contou ao grupo que a dificuldade com os exercícios a haviam levado a uma percepção súbita: ela sofria porque estava *tentando viver uma vida que já não tinha.* Isso a ajudou a ver como ela aumentara o estresse causado pela doença, não aceitando as mudanças que ela tinha trazido. Depois disso, Mary começou a procurar novas formas de viver a vida tal como ela realmente era agora. Embora houvesse coisas que já não fosse mais capaz de fazer, ela descobriu um novo prazer em coisas que *podia* fazer, como simplesmente sentar quieta em seu jardim. No momento presente, no jardim, ela se sentia calma e em paz. Apreciava as plantas, a luz do sol e a natureza.

Não acreditar nos próprios pensamentos

Quando nos encontramos em situações difíceis, podemos ficar ruminando o passado e nos preocupando com o futuro. O tempo todo criamos histórias na mente sobre todas as coisas que podem dar errado, vivenciando todas as suas possíveis consequências e muitas vezes imaginando o pior cenário.

Quando estamos atrasados para o trabalho, muitas vezes temos a seguinte sequência de pensamentos: eu poderia ter saído mais cedo... Devia ter saído mais cedo... Devia saber que o trânsito é péssimo às sextas-feiras... Vou me atrasar para uma reunião importante... Meu chefe vai ficar furioso!... Eu ainda vou perder o emprego... Nunca vou conseguir outro emprego com essa crise... Como vou pagar as contas? Vou perder minha casa!

A Atenção Plena sugere que podemos deixar de lutar e simplesmente permitir que as coisas sejam como são.

Nada disso está realmente acontecendo agora – e a maioria, definitivamente, não vai acontecer, mas ficamos ansiosos do mesmo jeito.

O passado já acabou e o futuro ainda não aconteceu. O momento presente é em geral muito mais simples: apenas aquilo que está acontecendo em seu corpo, seus pensamentos, suas emoções e seu mundo *agora*. Você não precisa ficar preso ao drama criado por seus pensamentos; você pode abandoná-los sempre que desejar.

A Atenção Plena nos ajuda a tomar consciência desse processo e a nos afastarmos para obter uma perspectiva mais ampla. Aos poucos aprendemos a reconhecer a "história" que estamos criando e a perceber que ela não nos diz necessariamente a verdade. Ao dar um passo para trás, temos uma visão mais clara da história que nossos pensamentos estão contando e das opções à nossa disposição.

O poder de escolher

Voltar para o momento presente e viver a experiência como ela é, e não como você gostaria que fosse, pode parecer uma atitude passiva e resignada, mas não é essa a intenção da Atenção Plena. Na verdade, abordar os problemas de forma plenamente atenta nos permite agir de maneira mais apropriada quando uma ação é necessária.

Por exemplo, quando estiver em uma situação difícil ou desafiadora, você pode decidir primeiro sair do piloto automático e entrar na modalidade do ser. E isso pode ser feito com a respiração em três passos (ver págs. 70-71). Desse lugar mais estável você pode se perguntar: "Qual seria a coisa sábia a fazer agora?" Esse é o *ponto de escolha* no qual você pode decidir entre uma reação estressada e uma resposta plenamente atenta. Você pode sentir-se tão tranquilo depois de praticar a respiração em três passos que não haverá nenhuma necessidade de novas ações. Mas, em caso negativo, esse é um bom momento para tomar uma atitude que signifique enfrentar diretamente os seus sentimentos nesse momento.

A escolha da resposta

Quando estiver em uma situação estressante, você pode escolher entre algumas atitudes. Não importa qual seja a alternativa escolhida – o importante é que você seja capaz de começar a cuidar de si mesmo nessas situações.

- Escolha uma das estratégias "úteis" identificadas anteriormente, como fazer ginástica ou conversar com um amigo.
- Trate a si mesmo com bondade e tranquilidade para se acalmar em meio a toda a ansiedade.
- Faça algo que lhe dê uma sensação de controle, realização ou satisfação, como limpar uma gaveta ou responder a e-mails acumulados.
- Passe para a próxima atividade plenamente atenta ciente do que está fazendo em cada momento: andar no corredor plenamente atento; atender ao telefone plenamente atento; estar aqui plenamente atento.

Aprender a cuidar de si mesmo

Praticar a Atenção Plena é um ato de bondade consigo. Familiarizar-se com seus habituais padrões de estresse e responder a eles de maneira plenamente atenta os torna menos assustadores. De certa forma eles se tornam velhos amigos que você conhece e entende.

A prática regular, ao longo de um período de tempo, pode deixá-lo mais bem preparado para responder às crises de estresse. Estando mais consciente, você pode perceber os sinais de que está numa fase inicial de estresse, descobrir quais respostas irão ajudá-lo em diferentes situações e tornar-se realmente familiarizado com estratégias úteis. Você pode construir seu repertório de ferramentas estratégicas por meio da experimentação e da prática. Pode optar por cuidar de si mesmo.

Suzanne Kobasa, em seu trabalho sobre a resistência ao estresse, identifica o grau de controle que sentimos ter sobre o estresse como um dos principais aspectos que nos permitem ser resilientes a ele. Pode ser realmente útil saber que temos as habilidades e as opções para viver com sabedoria os desafios que a vida apresenta.

06.

Atenção Plena e relacionamentos

Eluned Gold

Com a Atenção Plena, podemos nos concentrar em estabelecer contato, compreender e amar.

Relacionar-se através da Atenção Plena

Os relacionamentos – com a família, os amigos ou colegas de trabalho – talvez estejam entre as experiências mais difíceis; para muitos, são o aspecto mais importante da vida.

Os seres humanos são biologicamente projetados para se relacionar com seus semelhantes. Há processos físicos e estruturas em nosso corpo destinados a desenvolver e manter laços firmes com os outros; e não apenas com as pessoas que estão por perto, mas também com as que nem conhecemos. Somos projetados para viver em grupo. O seguinte relato de um acontecimento em um trem ilustra nossa capacidade inata para nos relacionarmos com os outros.

Christina viajava num trem de volta para casa. Assim que embarcou no vagão e tomou seu lugar, ela notou uma família à sua frente: uma menina, o pai, a mãe e um bebê de uns 12 meses, sentado no colo do pai. Quando Christina sentou-se, o bebê chamou sua atenção e sorriu para ela com grande receptividade e curiosidade, como bebês dessa idade muitas vezes fazem. Christina sorriu de volta ao sentar-se e começou a olhar ao redor do vagão; o bebê percebeu seu olhar e deu-lhe um grande sorriso – ele era irresistível. Christina teve de sorrir novamente e assim que fez isso sentiu seu corpo relaxar e se soltar, e a tensão que ela vinha mantendo se dissipou. Ela reconheceu que naquele momento se sentia feliz. Olhou para a mãe e o pai do bebê e viu que todos sorriram uns para os outros. Depois de Christina, o bebê voltou a atenção para outro passageiro do vagão e fez a mesma coisa com ele; esse passageiro olhou para seus pais e também para Christina, e todos sorriram. O bebê passou a fazer sua mágica até que todas as pessoas do vagão se conectaram. Ninguém tinha conversado, mas ainda assim era visível que todos os passageiros estavam se sentindo dessa forma.

Sintonia e ressonância

Como espécie, nós nos desenvolvemos para sermos criaturas cada vez mais complexas, e como tal levamos um longo tempo – 21 anos ou mais – para atingir a maturidade e a independência. Durante esse período, contamos com os adultos à nossa volta para nos proteger e cuidar de nós. Nossa sobrevivência depende de sermos capazes de estabelecer uma conexão estreita com eles e da disposição e da capacidade deles de permanecer por perto para serem zelosos conosco.

Naturalmente, nossas relações significam muito mais do que apenas uma estratégia de sobrevivência, mas aí se encontram as raízes *biológicas* de nossa capacidade de nos conectarmos com os outros. O bebê do trem demonstrou exatamente isso – fazendo contato visual e sorrindo, ele convidou as pessoas a perceberem sua existência e a se preocuparem com ele. Esse desejo de contato foi retribuído por todos e desencadeou neles um desejo de conexão, de modo que todos a estabeleceram. Uma maneira de pensar na cena é considerar que o bebê ativou em cada um dos passageiros seu desejo inato de contato. Isso foi possível porque, como seres humanos, fomos *biologicamente* concebidos para responder a convites para nos relacionarmos e sermos capazes de sinalizar para os outros nosso desejo de contato.

Somos todos únicos na forma como nos relacionamos com os outros, e nosso estilo particular de nos relacionar é determinado por uma mistura de herança genética, comportamentos aprendidos e atitudes de nossos pais ou tutores, bem como pelas experiências que temos ao longo da vida, particularmente durante a infância e a adolescência.

O senso de quem somos e de como nos relacionamos com os outros se desenvolve à medida que as pessoas ao redor, em nossos primeiros anos, interagem conosco e nos ajudam a compreender a nós mesmos e nossas experiências. Uma experiência importante, mas não necessariamente frequente, é perceber que a outra pessoa realmente entende como é sermos quem somos – isso é às vezes chamado de "ressonância". As primeiras experiências de ressonância formam a base do amor romântico e de outras relações que acontecerão mais tarde na vida.

A sintonia e a correspondente experiência de ressonância é um processo de mão dupla. Quando bebês, nós a atraímos ativamente e participamos de sua manutenção com os adultos que nos rodeiam. Desde essa idade precoce desempenhamos papel ativo na criação e na manutenção de nossas relações.

Os primeiros relacionamentos criam um "mapa" para nós. Assim como aprendemos a falar com quem nos rodeia, também aprendemos a nos relacionar com as pessoas que nos educam; rapidamente descobrimos quais são as "regras" faladas e tácitas nas relações dentro da família ou da comunidade.

Empatia

A empatia é a capacidade de sentir o estado interior de outra pessoa. É um aspecto importante das relações humanas. Nossa capacidade de sentir empatia pelo outro depende de certa forma de nossas experiências iniciais. No entanto, nossa capacidade de empatia com nossos companheiros humanos é um processo complexo, que continua a se desenvolver ao longo da vida em resposta a uma série de experiências variadas. Neurocientistas estão descobrindo que aprender a ter Atenção Plena parece aumentar nossa capacidade inata de sentir e expressar empatia.

Quando testemunhamos as emoções de outras pessoas – especialmente das que nos são próximas –, experimentamos emoções similares às delas. Quando nossos entes queridos, parceiros, filhos, amigos ou colegas descrevem suas experiências, apresentamos uma resposta empática. Um exemplo disso acontece quando, ao ouvirmos alguém descrever uma queda desagradável em que se machucou, conseguimos nos colocar em seu lugar e sentir momentaneamente sua dor (chegando mesmo a dizer "ai", ou quando alguém descreve sua tristeza por ter perdido um amigo ou parente que lhe era caro e ficamos tristes e talvez até mesmo chorosos. Da mesma forma, a alegria, o entusiasmo e o aborrecimento – na verdade, toda a gama de emoções humanas – podem também ser contagiantes.

Aprender a ter Atenção Plena aumenta nossa capacidade de sentir e expressar empatia.

A Atenção Plena nos relacionamentos

Grande parte de nosso desenvolvimento como seres humanos é orientada para o bom relacionamento. Diante disso, podemos nos perguntar por que os relacionamentos podem ser a origem de tanta dificuldade e inquietação.

Os relacionamentos são a área em que nossos hábitos ou padrões de pensamentos, emoções e comportamentos tendem a mostrar-se mais. E muitos desses padrões são "automáticos". Quando adultos, muitas vezes continuamos a usar estratégias de relacionamento inúteis porque elas se tornaram automáticas e estão fora de nossa consciência.

De acordo com o que estudamos na primeira parte deste livro, a Atenção Plena é uma forma de tornar conscientes os padrões automáticos. Na teoria isso soa maravilhosamente simples – e na verdade é –, mas simples não significa necessariamente fácil (como você pode já ter descoberto ao começar as práticas de Atenção Plena descritas anteriormente).

Podemos nos descobrir muito presos a nossa maneira automática de nos comportar e ver as situações. Além disso, as pessoas em torno de nós – parceiros, amigos, familiares e colegas de trabalho – estão acostumadas com nosso jeito de ser. Elas também podem estar muito apegadas ao que somos, desejando que permaneçamos assim, de modo a não desafiar *seus* padrões de comportamento e a maneira como *elas* veem cada situação.

Todo relacionamento é a união de maneiras diferentes de se relacionar e de diferentes visões de mundo. Às vezes, podemos esperar que os outros se ajustem à nossa visão da situação. No entanto, não temos de esperar que os outros mudem para que o padrão seja alterado. Há coisas que afetarão o relacionamento que estão ao nosso alcance.

Enigma das nove estrelas

Eis aqui um enigma sobre padrões. Pegue uma caneta e tente ligar essas nove estrelas com apenas quatro linhas retas e sem tirar a caneta do papel. Para saber a solução, consulte a pág. 184.

Como você resolveu o enigma?

Às vezes temos de fazer uma mudança em nosso modo de ver as coisas para enxergar maneiras de nos relacionarmos; quando estamos muito ligados a um ponto de vista, temos dificuldade em adotar uma perspectiva diferente. Com frequência é difícil mudar a forma de ver as coisas e perceber o padrão total.

A descoberta dos próprios padrões

No início da segunda parte deste livro, abordamos exemplos das relações habituais que podemos ter com as dificuldades da vida (ver págs 74-79). Nossos relacionamentos com as pessoas podem ser vistos da mesma maneira. Muitas vezes evitamos estar próximos dos outros; para muitos, em algum momento a proximidade pode ter se provado dolorosa. Quando é essa a nossa experiência, ficamos naturalmente cautelosos de nos aproximarmos novamente.

Você se sente constantemente "nocauteado" quando algo dá errado em seus relacionamentos? Quando nos sentimos inseguros, com frequência recorremos a certos comportamentos habituais para tentar evitar ou controlar a situação, entre os quais:

- Fazer tudo para evitar conflitos, fingindo que não existe problema.
- Tentar corrigir ou administrar as coisas sem sequer dizer à outra pessoa envolvida que existe um problema.
- Agredir outras pessoas quando em conflito com elas. O padrão automático é o de vencedores e perdedores, sendo difícil cooperar com os outros e considerar os pontos de vista deles.

Normalmente é muito difícil visualizar nossos relacionamentos com clareza. Podemos evitar falar abertamente com as pessoas sobre nossa relação com elas, e, assim, fazemos muitas suposições sem verificar a realidade. Podemos acreditar que os outros pensam da mesma forma que nós ou sentir que temos o *direito* de ter nossas necessidades satisfeitas pela outra pessoa da relação. Ao utilizar a consciência plenamente atenta das sensações do corpo, das emoções e dos pensamentos, podemos começar a perceber nossa experiência e enxergar nossos padrões únicos.

REGISTRAR OS PADRÕES DE RELACIONAMENTO

Registrar as dificuldades de comunicação por uma ou duas semanas pode ser útil:

- Qual foi a primeira indicação de que a comunicação estava difícil?
- O que você percebeu em seu corpo, suas emoções e seus pensamentos?
- Trata-se de um padrão discernível?
- Ao tomar conhecimento de que as coisas estavam difíceis, algo mudou?
- Agora, olhando para trás, havia alguma indicação anterior dessa comunicação difícil que estava fora de sua consciência naquele momento?

- Por quanto tempo os efeitos dessa comunicação difícil permaneceram com você?

Se você mantiver um registro, começará a perceber que a comunicação estressante pode desencadear cadeias de pensamentos e emoções. Elas podem se manter presentes por muito tempo após o evento em si já ter acabado e frequentemente são o combustível de uma sensação de conflito ou injustiça.

Usando a habilidade da curiosidade gentil que estamos desenvolvendo na prática de Atenção Plena, podemos aprender a ver o "padrão todo", percebendo nele nosso próprio papel e o dos outros, com carinho e coragem para realmente enxergar e entender. Ao cultivar essa *consciência não julgadora,* podemos já estar mudando os padrões de nossas relações – sem ter de fazer *nada.*

APRENDER A DANÇAR

No exercício do *aikido* (ver pág. 78) em nossos cursos de Atenção Plena, uma das coisas que as pessoas aprendem é que para "dançar" é preciso estar em contato! Parece óbvio, mas na vida muitos tentam "dançar" sem estar de fato dispostos a chegar perto do outro e a vê-lo como ele realmente é. Na verdade, muitas vezes não estamos dispostos a *nos* ver como realmente somos. Ter uma atitude gentil e não julgadora, fazendo o máximo para nos expor ao que realmente somos e ao que realmente os outros são, pode ser o primeiro passo da dança.

CUIDAR PRIMEIRO DE SI

Os relacionamentos pioram quando estamos estressados. Em geral, é muito mais difícil ser eficaz quando não se está estável e equilibrado. Por exemplo, se alguém está zangado com você, é muito fácil ser reativo e responder bruscamente, ou então ceder, em vez de enfrentar a situação. É mais saudável cuidar de si primeiro, trazer a atenção para sua própria experiência da relação e ter tempo para ver o padrão todo. Isso não significa que você tenha de ser "perfeito" e precise "vencer" todos os seus hábitos. Trata-se de ter uma atitude gentil consigo e com a situação difícil em que está envolvido, estar aberto para qualquer coisa que você possa descobrir nessa exploração e aprender a "dançar".

Cultivar a consciência não julgadora pode alterar nossos padrões de relacionamento.

Estabilizar-se

Quando perceber que está sentindo medo de se aproximar de alguém (talvez precise ter uma conversa difícil ou haja um histórico de dificuldades com a outra pessoa, ou talvez apenas ache difícil estar próximo), você pode tomar algumas providências para recuperar a estabilidade.

- Tente praticar a respiração em três passos (ver págs. 70-71) quando notar que está pensando ou planejando uma forma de administrar a pessoa ou a situação.
- Passe alguns minutos praticando o exercício da pág. 57 e, quando estiver pronto, traga à mente a pessoa e a situação. Em seguida, "abra" a consciência para incluir a imagem total – o padrão de que ambos são parte. Ao fazer isso, mantenha, da melhor maneira possível, uma curiosidade gentil em relação a si mesmo, à outra pessoa e à situação.
- Quando estiver cara a cara com alguém, foque as suas sensações corporais – em especial a respiração ou a sensação de seus pés em contato com o solo –, em vez de colocar toda a atenção na outra pessoa.

Comunicação hábil

Muitas vezes, quando ouvindo outras pessoas com a intenção de ser úteis, nossa mente está vagando em outro lugar – por exemplo, no que temos de fazer no resto do dia, no que faríamos se estivéssemos na situação delas, e assim por diante. É surpreendentemente difícil apenas *escutar* e estar atento à outra pessoa e ao que ela está dizendo.

A consciência plenamente atenta ajuda você a permanecer na situação que está ocorrendo aqui e agora, que é... *Neste momento exato estou com esta pessoa e a estou escutando.*

Você pode tentar fazer o exercício de ouvir com Atenção Plena (ver pág. ao lado) com um parceiro ou amigo para experimentar o efeito de ouvir – e ser ouvido – de forma consciente.

Exercício: Ouvir com Atenção Plena

Reveze com a outra pessoa os papéis de falante e ouvinte (máximo de cinco minutos cada) e cronometre o tempo.

1 Antes de começar, estabilizem-se e equilibrem-se, focando a respiração.

2 Quando você for o ouvinte, apenas ouça, sem comentar, responder ou conversar. Você pode indicar que está prestando atenção com contato visual e outros sinais não verbais. Observe suas próprias sensações corporais, pensamentos e emoções – em particular, seu próprio impulso para falar ou sua mente vagando.

3 O falante para quando seu tempo acaba. O ouvinte relata (*feedback*) ao falante tudo o que ouviu e entendeu durante a escuta atenta. Os relatos podem ser sobre o que vocês viram ou ouviram.

4 Troquem de papel depois de dedicar alguns momentos à respiração plenamente atenta.

5 Depois de falar e escutar, reflita:

- Como foi ser apenas ouvido, sem medo de ser interrompido ou de precisar se justificar?
- Para o ouvinte, como foi apenas ouvir, trazendo toda a sua atenção para a outra pessoa?
- Durante o relato (*feedback*), houve alguma surpresa?
- Seu ouvinte conseguiu obter informações sobre você por meio de sinais não verbais, como sua linguagem corporal, expressões faciais ou tom de voz?

Quando você era o ouvinte, pode ter notado que estava pensando no que o falante deveria ter feito ou no que você faria nessa situação. Ouvir sem atenção integral pode nos levar a pensar que sabemos o que fazer e que podemos começar a dizer à outra pessoa como administrar seu problema, ou mesmo começar a agir para resolvê-lo. Já não estamos tentando entendê-la; em vez disso, começamos automaticamente a agir como se fôssemos nós naquela situação.

De quem é o problema?

Quando somos confrontados com problemas, queremos fazer com que nós e a outra pessoa nos sintamos melhores. Podemos reagir do modo habitual para resolver os problemas dela e/ou ajudá-la a evitar a dificuldade. Envolvemos *nosso pensamento* e no processo ignoramos os *sentimentos dela*. Nessa situação é fácil para a outra pessoa sentir-se julgada, em especial porque ela já pode estar se julgando. Quando temos tempo para ouvir, passamos a mensagem de que estamos dispostos a estar com ela e suas dificuldades, sejam quais forem. Assim, somos mais capazes de ser empáticos. Isso não é o mesmo que concordar com a outra pessoa, mas demonstra uma vontade de compreender o ponto de vista dela.

Jane saiu do trabalho envergonhada e ansiosa por ter cometido um erro. Quando ela chegou em casa aos prantos, seu marido, Peter, ficou chateado por ela e logo começou a ajudá-la a achar uma solução para o erro. Nesse momento, Jane não foi capaz de pensar com clareza – ainda estava tomada por emoções intensas.

A respiração em três passos (ver págs. 70-71) ajudou os dois a perceber o que estava acontecendo. Peter deu um passo para trás em seu desejo de corrigir a situação. Jane foi capaz de se estabilizar e se equilibrar enquanto ainda sentia a intensidade de suas emoções. Ambos sentiram-se conectados um ao outro. Peter conseguiu ouvir enquanto Jane descrevia seus sentimentos, e isso foi o suficiente para ajudá-la a perceber que erros são inevitáveis e para trazer um entendimento tranquilo sobre a situação.

Falar com Atenção Plena

Comunicação hábil não é apenas ouvir e considerar o ponto de vista do outro. Haverá momentos em que será importante expressarmos nossas opiniões, necessidades e desejos. Isso poderá ser difícil se estivermos em conflito com alguém ou quisermos falar sobre seu comportamento perturbador. Aqui estão algumas sugestões para ajudá-lo a falar com Atenção Plena:

- Dê tempo a si mesmo para considerar o que quer dizer – um tempo para que possa *responder* à situação, em vez de *reagir* a ela.
- Fale sobre sua própria experiência da situação e não sobre o que a outra pessoa fez.
- Concentre-se em suas sensações corporais durante toda a conversa.
- O uso da seguinte "fórmula" pode ajudá-lo a não fazer acusações e recriminações: "Quando você faz A, eu sinto B, e gostaria que, em vez disso, você fizesse C".

Você é quem eu acho que é?

Quando encontramos uma pessoa pela primeira vez, nós a julgamos rapidamente e formamos uma primeira impressão. Muito raramente revisamos essa primeira impressão, sobretudo se ela parecer correta de maneira geral.

A mente tende a procurar padrões; portanto, quando conhecemos alguém, inclinamo-nos a encaixar a pessoa em um modelo que já existe em nossa mente. Por exemplo, alguém pode nos lembrar uma pessoa de nosso passado – talvez nosso pai ou um professor. Se essa relação anterior foi negativa, somos mais propensos a nos lembrar dela. Fazemos isso até com pessoas que conhecemos há muito tempo.

Quando a relação se torna difícil, ficamos ainda mais inclinados a criar suposições negativas e ideias preconcebidas sobre a pessoa. Isso pode nos levar a considerar que ela não nos satisfaz. Uma vez que isso aconteça, muitas vezes nos percebemos desejando que a pessoa fosse diferente. A Atenção Plena nos ajuda a lembrar que podemos *escolher* onde concentrar a atenção. Podemos focar o que achamos insatisfatório na outra pessoa ou podemos nos concentrar no contato, na compreensão e no amor. Fortalecemos aquilo em que prestamos atenção.

Quando a mente não está cheia de velhos hábitos e suposições sobre nós mesmos e os outros, conseguimos nos abrir totalmente para a relação com a pessoa à nossa frente, no momento presente, com sua rica mescla de características fáceis e difíceis. A consciência atenta nos ajuda a ver a nós e aos outros com clareza, e não através de uma série de filtros, ou névoa.

07.

Atenção Plena com crianças

Eluned Gold

Ensinar os filhos a administrar as dificuldades com gentileza é um bom presente que podemos oferecer-lhes.

O começo

Este capítulo se chama "Atenção Plena *com* crianças", e não "Atenção Plena *para* crianças", porque a melhor maneira de apresentar essa prática aos pequenos é manter a Atenção Plena com elas. Sabemos que as crianças aprendem melhor com adultos que se importam com elas, e que aprendem muito mais vendo e copiando.

A Atenção Plena é natural nas crianças, e com frequência elas encaram o mundo com admiração, curiosidade e alegria, sem julgamentos. Como sabemos, a Atenção Plena é aprendida na prática. Assim, se você estiver se desenvolvendo na Atenção Plena e levando-a para as interações diárias com seus filhos, é provável que eles já estejam adotando algumas atitudes plenamente atentas. Mas é claro que se pode ensinar às crianças algumas maneiras específicas de ter Atenção Plena.

Segundo pesquisas recentes, a própria estrutura cerebral se desenvolve em resposta a nossas experiências, e esse desenvolvimento é muito rápido na adolescência e na infância; assim, as experiências a que somos expostos ajudam a moldar o cérebro. É importante ter uma visão completa sobre o assunto. Naturalmente, queremos proteger nossos filhos e vê-los crescer como indivíduos bons, independentes e compassivos. No entanto, sabemos também que a vida traz dificuldades, e ensinar nossos filhos a administrar as dificuldades com gentileza é um presente que podemos lhes oferecer.

A melhor maneira de eles aprenderem é com as atitudes dos adultos à sua volta. Quando estamos plenamente conscientes de nós mesmos, somos mais capazes de "sintonizar" ou "estar em consonância" com nossos filhos de um modo que irá ajudá-los a dar sentido à sua vida interior, à sua relação com os outros e ao mundo em geral. A sintonia com pais ou tutores pode influenciar o desenvolvimento do cérebro das crianças.

Nunca é cedo demais

Quando e como podemos apresentar a Atenção Plena para as crianças? Nunca é cedo demais. Existem programas de Atenção Plena para ajudar os pais na preparação para o nascimento. Depois que o bebê nasce, as oportunidades para praticar a Atenção Plena são abundantes. Você pode, por exemplo, dar um banho plenamente atento no bebê ou niná-lo de forma plenamente consciente quando ele chora no meio da noite.

Para saber se a criança está madura para aprender algumas práticas da Atenção Plena, observe-a e siga seus próprios instintos. Também é importante reconhecer se a sua motivação é em causa própria – por exemplo, você pode estar se sentindo impotente diante da aflição da criança. Nessa situação é importante deixar-se guiar pelo que é bom para ela.

Um jeito de explicar o conceito da Atenção Plena para as crianças é usar a imagem de um daqueles globos de vidro com uma cena de inverno europeu. Uma mente agitada, em que os pensamentos não são claros, é como esse globo depois de agitado: a neve não deixa ver o que há lá dentro. Mas se esperarmos com calma, focados na respiração por algum tempo, a "neve" se assentará e então poderemos enxergar com clareza.

Algumas dicas

Mantenha as práticas breves e adequadas à idade e, acima de tudo, não se apresse! Uma regra de ouro é um minuto de prática para cada ano de idade, mas adolescentes de 15 anos lidam melhor com uma prática de cinco minutos, em vez de uma de quinze. A melhor maneira de apresentar as práticas da Atenção Plena para as crianças é por meio da brincadeira. Brincar é a rota natural da criança para a receptividade e a curiosidade – exatamente as qualidades incentivadas na Atenção Plena. Algumas dicas úteis: nunca obrigue a criança a meditar; mantenha práticas breves; inicie aos poucos e seja paciente; incentive a curiosidade e a receptividade, sendo curioso e receptivo; *seja criativo e torne tudo DIVERTIDO.*

Sintonização

A "sintonização" é uma boa maneira de ajudar seu filho a entender que estar plenamente atento significa ser capaz de se concentrar em um objeto ou assunto escolhido, permanecer com ele e observar quando a mente começa a vagar, para então voltar a atenção para o foco escolhido.

Trata-se de perceber o que está aqui sem tentar mudar nada.

Sintonizar a respiração

Esta é talvez uma das mais versáteis práticas de Atenção Plena para as crianças. Susan Kaiser Greenland, no livro *The mindful child*, conta que faz as crianças de uma escolinha se deitarem com um brinquedo macio sobre a barriga e as encoraja a se concentrar na respiração, vendo o brinquedo se mover para cima e para baixo.

Em qualquer das práticas de respiração com crianças pequenas você pode assinalar que elas estão escolhendo onde colocar a atenção e que, ao se concentrarem na respiração, elas podem alterar a maneira como respiram – com frequência desacelerando e regularizando o fluxo de ar. Isso pode resultar numa sensação de mais calma e relaxamento. Com crianças mais velhas e adolescentes, em geral é mais útil deixá-los descobrir as alterações por si mesmos, incentivando-os a refletir sobre a experiência.

Para algumas crianças (e adultos), manter o foco na respiração pode ser incômodo – principalmente, por exemplo, para uma criança com asma ou outras dificuldades respiratórias, ou que tenha ataques de pânico. É importante não forçá-las a manter a atenção na respiração; encontrar uma parte do corpo onde consigam manter a atenção confortavelmente (talvez a sola dos pés ou as mãos) pode levar algum tempo. Muitas vezes, pessoas que tiveram uma alternativa para a respiração ao começar a praticar a Atenção Plena descobriram aos poucos que podiam voltar a concentrar a atenção na respiração.

Exercício: Sintonizar a respiração

Uma boa maneira de fazer as crianças prestarem atenção à respiração é usar um cata-vento. Com ele os pequenos aprendem a controlar o fluxo de ar, assoprando com força ou suavidade. E percebem que respiram mesmo quando não estão conscientes disso. A respiração está sempre lá, seja ela ou não o foco de nossa atenção. O mesmo princípio pode ser ensinado com bolhas de sabão ou um dente-de-leão, desde que a criança tenha idade suficiente para controlar a própria respiração. Crianças mais velhas podem decidir sentir as sensações da respiração em outras partes do corpo, como nas práticas adultas (ver pág. 57).

Colocar as mãos na barriga e vê-las subir e descer é outra forma de ajudar as crianças a sintonizar a respiração. Contar o número de inspirações e expirações ajuda a trazer a consciência para o momento presente. Contar ocupa a mente, e isso facilita a concentração.

1 Escolha um número que a criança consiga manejar com facilidade (por exemplo, 3, 5 ou 8).

2 Com as mãos na barriga, a criança deve contar até o número combinado durante a expiração, concentrando-se na respiração e na barriga. Uma alternativa é você contar para ela.

3 Quando o número for alcançado, comece de novo.

4 Quando a criança se acostumar com a prática, ela começará a perceber quando a mente vaga; portanto, uma evolução desta prática é voltar para o número 1 toda vez que a mente vagar.

Se for feito por um período breve, este exercício é divertido e excelente para acalmar as crianças.

Sintonizar o corpo

As crianças são naturalmente curiosas. Você pode convidá-las para a exploração pedindo que coloquem a mão no próprio joelho ou no cotovelo para sentir o funcionamento da articulação. A partir daí fica mais fácil pedir que contemplem o que sentem nas juntas sem colocar a mão lá. Conforme a criança se acostuma a focar a atenção em diferentes partes do corpo e a perceber sensações, sejam elas de fontes externas (como o toque ou a temperatura) ou internas (como o formigamento ou a pulsação), ela passa a ser capaz de fazer a varredura do próprio corpo. Usando o feixe de luz de uma lanterna, você pode ilustrar a ideia de foco concentrado e foco ampliado. O primeiro pode ser um dedo do pé; o segundo, a perna inteira ou mesmo todo o corpo. Você também pode levar a atenção da criança para o corpo em movimento, com atividades como caminhar, correr, dançar e jogar futebol de maneira plenamente atenta.

A varredura corporal

Uma forma divertida de apresentar a varredura corporal para as crianças é deitá-las em uma grande folha de papel enquanto você desenha lentamente o contorno do corpo delas, fazendo-as focar a atenção em cada parte do corpo conforme a caneta passa por elas. Peça à criança que diga a você o que está sentindo: uma coceira ou um calor no pé, uma irritação no joelho e assim por diante. Se a criança gostar da prática, você pode fazê-la refletir sobre suas experiências em silêncio. Se ela insistir para desenhar você no papel, essa será uma excelente maneira de modelar o tipo de experiências e sensações que podem ser observadas. Se os resultados do exercício forem risadas e gargalhadas, aproveite a diversão e muito delicadamente faça a atenção da criança retornar para o propósito da prática, que é prestar atenção ao corpo de forma deliberada.

Este exercício pode ser útil quando a criança precisa relaxar. Por exemplo, uma varredura do corpo dirigida e rápida (ver pág. 177) quando a criança está na cama, preparando-se para dormir, pode ser uma ótima maneira de ajudá-la a se acalmar após um dia cheio de ocupações.

Sintonizar os sentidos

As crianças podem ser estimuladas a prestar atenção a seus sentidos reservando um momento para olhar as cores, sentir os cheiros e ouvir os pássaros. Elas também gostarão do exercício de comer com Atenção Plena (ver págs. 49-50). Todas são maneiras de usar a consciência para enriquecer o mundo delas.

Exercício: O jogo da fruta

Eis um jogo de que a maioria das crianças gosta, e que usa todos os sentidos, exceto a visão. Estamos tão acostumados a experimentar nosso mundo visualmente que lançar mão dos outros sentidos pode elevar nosso nível de consciência. O jogo pode ser feito com três ou mais crianças. Será necessário um limão para cada uma (também podem ser usadas batatas, laranjas ou outras frutas e legumes).

1 Peça a cada jogador que feche os olhos ou cubra-os com uma venda.

2 Cada criança pega um limão e o examina cuidadosamente, sentindo seu tamanho, forma e textura, cheirando-o e mesmo saboreando-o (se quiser, oriente o exercício, dando instruções de vez em quando para manter todos focados). Esta fase pode durar de dois a quatro minutos, dependendo da idade das crianças.

3 Pegue os limões de volta e coloque-os numa vasilha, todos misturados.

4 Agora, chame cada criança para identificar seu limão (acreditamos que nunca seremos capazes de fazer isso, mas, na verdade, treinando os sentidos ficamos muito familiarizados com nosso próprio limão e muitas vezes descobrimos que somos perfeitamente capazes de identificá-lo).

Sintonizar pensamentos e emoções

Sintonizar-se com os pensamentos e as emoções pode ser um conceito difícil até para os adultos. Porém, quando aprendemos a observá-los, entendemos claramente o poder que têm em nossa vida. É claro que devemos ensinar às crianças que nem todo pensamento é ruim – resolver coisas, imaginar e sonhar acordado são aspectos importantes de nosso ser.

O pensamento só é problemático quando nos conduz a sentimentos ruins ou quando divagamos em momentos nos quais deveríamos estar prestando atenção. Certo menino que estava aprendendo Atenção Plena na escola contou que ela o ajudava a ouvir o que o professor dizia, de modo que não precisava mais lhe pedir para repetir as coisas. Pensamentos são como macacos pulando em árvores – eles não ficam em um único lugar e nos contam histórias que nem sempre são verdadeiras.

As emoções muitas vezes são notadas como sensações do corpo que as crianças podem aprender a sintonizar e nomear. Quando elas se sentem "instáveis", podem entrar em sintonia com as sensações corporais ou com a respiração. Isso acalma. Aprender a perceber as emoções no corpo pode ajudar as crianças a lidar com os próprios sentimentos. Quando as crianças são capazes de dar um nome à experiência – como "tristeza", "raiva" ou "felicidade" –, entendem que ela deve ser reconhecida como parte de nosso cotidiano. Sintonizar as emoções dessa forma pode ser um bom ponto de partida para decidir como lidar com as situações.

Explorar toda a experiência de maneira gentil nos ajuda a compreender nossos próprios pensamentos, sentimentos e ações habituais. A gentileza pode nos ajudar a identificar esses hábitos de forma suave e com aceitação, sem querer que as coisas sejam diferentes nem correr em busca de uma solução. Para ajudar as crianças a sintonizarem a gentileza, basta pedir-lhes que se lembrem do que sentiram quando alguém foi gentil com elas ou quando elas foram gentis com outra pessoa. Sintonizar a gentileza é uma maneira de nos movermos em direção à ação sábia, encontrando maneiras de sermos gentis conosco, com as outras pessoas e com o planeta.

Ajudar nas dificuldades

Como os adultos, as crianças também experimentam dificuldades na vida, mas não têm recursos nem experiência para lidar com elas e precisam da ajuda dos adultos. Ao contrário dos adultos, porém, elas podem não ter aprendido a se fechar e se afastar dos problemas. Usando a habilidade de sintonização deste capítulo, podemos ensinar às crianças formas melhores de lidar com as adversidades.

Sua própria atitude de paciência, aceitação e gentileza fará muito para incentivar atitudes semelhantes em seu filho, por exemplo. É importante reconhecer que as crianças muitas vezes mostram sua aflição por meio do mau comportamento. Assim, se seu filho está se "comportando mal", a exploração das sensações, emoções e pensamentos e a sintonização com a gentileza podem muitas vezes propiciar-lhe uma forma de expressar e entender os problemas com os quais está lutando.

Uma maneira de fazer isso é criar um mapa da consciência (ver ao lado) em uma folha de papel sulfite. Desenhe quatro quadrados e rotule-os de Sensações Corporais, Emoções, Pensamentos e Gentileza (ver ao lado). Ao escrever ou desenhar as experiências da criança em cada quadrado, é possível perceber que todos esses elementos interagem – eles de fato não podem ser separados, embora possa ser útil, quando estamos "sintonizados" com eles, examiná-los isoladamente, pois isso nos ajuda a ficar em paz com nossa existência. Esse gráfico pode ser usado de várias maneiras e com crianças de diferentes idades. As crianças mais novas podem se divertir fazendo e decorando seu próprio gráfico, para o qual podem voltar quantas vezes quiserem. Pode ser útil ter adesivos com as sensações corporais, os sentimentos e os pensamentos familiares. Você pode incluir alguns espaços em branco para as experiências únicas. Crianças mais velhas podem criar seus próprios gráficos sempre que quiserem explorar uma experiência.

Johann e seu irmão mais novo, Peter, mudaram-se para outra cidade com a mãe, depois da separação dos pais. Johann estava tendo dificuldade para fazer amigos na nova escola. A situação foi ficando cada vez pior, e ele começou a se retrair e a não querer ir às aulas. Escolhendo cuidadosamente o momento, a mãe de Johann perguntou se ele queria conversar. Ela o ouviu atentamente, ajudando-o a acalmar-se por meio da respiração plenamente atenta com as mãos na barriga, e juntos eles abriram um espaço para explorar a experiência de Johann na escola naquele dia.

Dificuldades poderosas

Às vezes as crianças experimentam dificuldades e situações que são sentidas de forma particularmente grave. As dificuldades podem parecer grandes e sombrias a ponto de não haver saída. Nesses momentos, pode ser muito assustador encarar o problema.

Mapa da consciência

Exercício: Entender a escuridão

A atividade abaixo pode ser uma maneira útil de as crianças compreenderem que um problema não é completamente sombrio.

1 Pegue uma ou duas folhas de papel-toalha e faça um círculo escuro no centro utilizando cinco ou seis canetas hidrográficas de cores diferentes, uma depois da outra. Pressione a ponta contra o papel até ele ficar embebido com a tinta de cada cor.

2 Suavemente, pingue um pouco de água sobre a mancha escura *– isso é como aplicar uma visão clara e atenta à nossa escuridão.*

3 Você verá que as cores logo vão se separar. O mesmo acontece quando você presta plena atenção às dificuldades – você começa a vê-las como elas são e, com essa visão clara, elas parecem mais administráveis.

4 As cores no círculo escuro continuarão a se separar até não serem mais um círculo escuro, mas uma gama de cores diferentes.

É neste ponto que os adultos devem prestar atenção ao que dizem as crianças. Elas se sentem mais apoiadas por aqueles que as amam e as conhecem melhor, por isso o papel dessas pessoas é importante. Mas pode haver momentos em que é fundamental procurar ajuda profissional também, como a um médico, psicólogo ou terapeuta.

Quando temos dificuldades imensas, elas podem ser sentidas como um ponto escuro tão grande que parece haver pouco espaço na vida para qualquer outra coisa. A Atenção Plena pode nos ajudar a sair da escuridão e vê-la como ela é. Muitas vezes a respiração em três passos (ver págs. 70-71) nos ajuda a tomar essa atitude. Podemos encontrar um lugar estável para enxergar a situação com clareza e, desse ponto, ver que outras coisas na vida são boas, mas ficaram escondidas porque

tudo o que conseguimos ver é o ponto escuro. Isso não vai fazê-lo desaparecer, mas nos dará uma chance de perceber que não é a única coisa em nossa vida, alterando assim nossa relação com ele. Também podemos perceber que o todo não é escuro, mas composto por muitos aspectos e qualidades diferentes.

Sonia tinha 12 anos e era muito ligada ao avô. Quando ele morreu, Sonia teve muita dificuldade para aceitar a perda. Primeiro, ela se manteve muito ocupada, mas depois passou a sentir muita raiva. Seu pai lhe perguntou se ela gostaria de aprender a Atenção Plena. Ele a ensinou a "sintonizar" respiração, corpo, emoções e gentileza. Isso ajudou Sonia a compreender e administrar suas emoções um pouco melhor. Quando o pai a incentivou a desenhar seu próprio "ponto escuro", ela percebeu que estava vivendo ali. Mesmo ocupada, só conseguia ver a perda do avô. Com a Atenção Plena ela pôde sair do "ponto escuro" e perceber que havia outras coisas em sua vida.

Graças ao exercício da página ao lado Sonia pôde reconhecer os diferentes aspectos de sua dor: tristeza, medo, raiva, ocupação constante (para manter os sentimentos bem longe) e desesperança. Tudo isso fazia parte de sua experiência de tristeza. Assim, embora a consciência plenamente atenta não tenha feito a dor desaparecer, vê-la como realmente era – e perceber que não estava sozinha com a dor – ajudou Sonia a desenvolver um modo diferente de conviver com seu sofrimento, em vez de ser sugada por ele.

Aprender com nossas crianças

As crianças ainda não têm pensamentos, emoções e comportamentos arraigados. Podemos aprender muito com a coragem e a vontade delas de explorar as próprias experiências com grande entusiasmo e abertura. As crianças são espontaneamente generosas, gentis e muito divertidas. Ao introduzi-las na Atenção Plena e ensiná-las a sintonizar as próprias experiências, podemos ajudá-las a continuar a manter essas qualidades maravilhosas pela vida afora.

08.

Atenção Plena para cuidadores

Vanessa Hope

Ter Atenção Plena em alguns momentos do dia pode nos oferecer pequenos oásis de estabilidade e até mesmo de paz, dando--nos a chance de nos libertar um pouco das inquietações que não nos deixam.

Como a Atenção Plena ajuda

Já vimos como o nível de estresse tem aumentado. O mesmo pode ser dito sobre o número de pessoas que precisam de cuidados. Com uma população crescente de idosos, há muitos cuidadores trabalhando em domicílio, mas também há aqueles que cuidam em tempo integral dos próprios familiares. As pessoas que precisam de cuidados – maridos, esposas, pais e filhos – podem ter sofrido um acidente, ser portadoras de uma doença progressiva ou estar no fim da vida. Cuidadores têm uma rotina estressante, algo que passou a ser reconhecido só muito recentemente.

Embora os cuidadores sejam pessoas diferentes entre si, eles compartilham algumas dificuldades. Há muitas exigências *físicas* em seu trabalho, como alimentar, vestir, trocar, movimentar e levantar alguém que pode estar incapacitado de fazer essas coisas sozinho; administrar o equipamento essencial para as necessidades médicas ou assistenciais; e viver com o sono reduzido ou interrompido.

Também há exigências *emocionais* significativas. Por exemplo, os papéis dentro da família podem ter mudado de forma significativa, obrigando o cuidador a fazer malabarismos com seu tempo. A pessoa doente pode estar muito diferente do que era antes. Também pode ser estressante e frustrante se comunicar com alguém que possivelmente tem pouca capacidade de compreender e responder, ou que talvez nem mesmo reconheça ninguém. O cuidador também pode ter de administrar a própria frustração e raiva, bem como as da pessoa que está recebendo cuidados. O cuidador pode viver cansado e preocupado e, assim, ficar irritado e ressentido. Por tudo isso, é muito fácil o cuidador pensar que não está sendo suficientemente bom e, portanto, sentir-se culpado.

O cuidador precisa estar disponível 24 horas por dia e permanecer constantemente atento. Em muitos casos, não há nenhum fim previsível para a situação, que pode se agravar. Isso leva a uma incerteza sobre o futuro e, muitas vezes, a dificuldades financeiras. Pode haver uma luta constante para se comunicar com os serviços sociais e hospitais. Você pode sentir-se isolado e sozinho. É muito compreensível que cuidadores fiquem exaustos ou deprimidos.

Por esse motivo, é importante encontrar formas eficazes de viver bem com esses desafios e cuidar de si em meio às demandas. Tendo em vista que o treinamento em Atenção Plena destina-se a ajudar as pessoas a perceber as dificuldades de sua vida e começar a encontrar maneiras de conviver com elas, não é surpreendente que essa técnica tenha muito a oferecer tanto para os que trabalham como cuidadores profissionais quanto para aqueles que cuidam de um familiar em casa.

Viver o momento

Um cuidador, talvez mais do que muitas outras pessoas, consegue compreender a importância de estar no momento presente, simplesmente fazendo o que deve ser feito a cada momento. No entanto, com frequência isso é feito a serviço dos outros. Pode ser realmente difícil conseguir encontrar tempo para si. O treinamento da Atenção Plena pode ajudá-lo a concentrar-se neste momento como uma maneira de se reeducar.

No exercício de comer plenamente atento (ver págs. 49-50), você foi incentivado a comer uma fruta lentamente e com grande atenção. As pessoas acabam descobrindo que prestar atenção pode transformar essa atividade comum em um espaço para alimentar-se não apenas de comida, mas de tempo e cuidados. Quantas vezes conseguimos deixar de fazer para simplesmente ser? Trazendo a Atenção Plena para o dia a dia conseguimos alguns pequenos oásis de estabilidade e talvez até mesmo de paz, e conquistamos a oportunidade de nos libertar um pouco das inquietações que não nos deixam.

Aprecie o momento – Aprecie-se

Experimente algumas das seguintes sugestões:

- Preste atenção às sensações do movimento de sentar-se com os pés no chão e o corpo apoiado na cadeira.
- Preste atenção à maneira como você se movimenta em casa, conforme realiza suas tarefas.
- Desfrute conscientemente uma xícara de chá ou café ou uma bebida gelada.
- Escolha algo saboroso para comer.
- Passe apenas cinco minutos sentado no jardim, sentindo o ar na pele e ouvindo o canto dos pássaros.

Ou realize uma atividade rotineira com Atenção Plena, permitindo-se:

- Realmente experimentar todas as sensações de tomar um banho.
- Ver, e talvez realmente apreciar, as cores das bolhas de sabão ou o brilho da louça recém-lavada.
- Sentir o sol na pele ao pendurar as roupas para secar ou cortar a grama.

Procure fazer tudo com simplicidade. Se você trouxer a consciência plenamente atenta com regularidade para as atividades normais por curtos períodos de tempo, elas se tornarão parte da rotina. Dessa forma, você poderá acrescentar ao seu dia o indispensável alimento emocional.

Viver no presente pode trazer outros resultados. Pela própria natureza de seu problema, os cuidadores muitas vezes descobrem que vivem pensando no passado ou no futuro. Olham para trás muitas vezes com grande tristeza, para o modo como a vida era quando seu ente querido estava bem. Também se preocupam com o que o futuro trará. E até mesmo seus pensamentos sobre o momento atual podem se mostrar críticos de sua capacidade de lidar com a situação ou de suas habilidades de cuidador.

A prática da Atenção Plena, contudo, ajuda a nos manter no momento presente e a dar atenção ao que está realmente acontecendo. À medida que aprendemos a parar e enxergar nossa experiência com mais clareza, percebemos como nossos pensamentos, sentimentos e ações contribuem para a vida já difícil que estamos levando. Dessa forma, nós nos tornamos mais capazes de aceitar nossa vida como ela é e de encontrar estabilidade, abandonando a inquietação de querer que as coisas fossem diferentes. Não se trata de resignar-se ou de desistir. Enxergar a situação com clareza é apenas o primeiro passo para fazer escolhas sábias.

Gentileza consigo

Talvez você já consiga perceber como a prática da Atenção Plena é uma maneira de ser gentil e amável consigo. Quando conseguimos nos apreciar, nos permitir ser como somos, tornamo-nos nossos próprios amigos, sem críticas ou julgamentos.

Conhecer os limites

Conforme praticamos a Atenção Plena, começamos a ver a realidade de nossa vida – não como gostaríamos que fosse, mas como ela realmente é. Também começamos a nos compreender melhor e a reconhecer nossos limites. Isso é especialmente evidente nos exercícios de movimento plenamente atento. Ao segurar os braços acima da cabeça, por exemplo, nos tornamos conscientes de seu peso, do formigamento nos dedos e, às vezes, do desejo de abaixar os braços.

Tendemos a apresentar uma de duas reações a esse desejo. A primeira é parar o exercício imediatamente; a outra é ranger os dentes e manter a posição. Essas são reações humanas normais. Na vida, estamos sempre escolhendo entre enfrentar os desafios ou fugir deles. Muitas vezes só percebemos que ultrapassamos nossos limites – talvez há muito tempo – quando já estamos esgotados.

A Atenção Plena nos ensina a responder à experiência de estar no limite com gentileza e compaixão.

Ao trazer a consciência plenamente atenta para a nossa vida, começamos a identificar os sinais sutis (e os não tão sutis!) que nos permitem enfrentar os desafios de forma apropriada, sem nos esforçarmos além do limite. Com a Atenção Plena, passamos a ver a realidade de nossa situação não como gostaríamos que ela fosse, mas como ela realmente é.

A esposa de **Jim** teve um acidente vascular cerebral que a deixou muito debilitada fisicamente. Ela só conseguia ir às compras se Jim estivesse junto, pois sentia vergonha de usar bengala. Às vezes, após esses passeios, Jim começava a ter dor nas costas, mas nunca sabia quando e com qual intensidade ela surgiria. Durante a prática de movimento plenamente atento, Jim tornou-se consciente das pontadas nas costas em determinadas posições. Ele começou a entender a quais movimentos elas resistiam e como se mexer de forma a não ter dores. Percebeu como se encolhia para evitar as pontadas e verificou que a postura tensa aumentava sua dor.

Na próxima vez que acompanhou a esposa, Jim percebeu sensações semelhantes nas costas. Em vez de prosseguir, perguntou à mulher se ela se importaria de usar a bengala por algum tempo. Ela ficou feliz em ajudar, e isso impediu que

a dor nas costas dele piorasse. A capacidade de perceber os sinais do corpo começou a fazer parte de outros aspectos da vida de Jim – como respeitar a intensidade de seu cansaço à noite e deixar para o dia seguinte as tarefas que não eram urgentes.

Atenção Plena e comunicação

O exemplo de Jim nos leva a outro aspecto do treinamento que é útil aos cuidadores. Cuidadores passam muito tempo tentando se comunicar com outros: a pessoa que eles cuidam, médicos, assistentes sociais e funcionários da Previdência ou do plano de saúde. Isso pode acrescentar bastante estresse a uma vida já estressante. Para mais informações sobre comunicação, consulte o capítulo sobre relacionamentos.

Exercício: Meditação da consciência gentil

Esta prática breve é uma maneira de você ser gentil consigo.

1 Encontre um lugar calmo onde possa se sentar confortavelmente com as costas eretas e os pés firmes no chão. Sinta a firmeza do piso e da cadeira.

2 Aprecie com gentileza a si e à experiência de estar sentado (uma sensação de ser seu melhor amigo, talvez).

3 Concentre-se em qualquer sentimento de tranquilidade que encontrar... Perceba quaisquer sensações *agradáveis* em seu corpo: o toque do ar, calor, frescor... Mantenha essas sensações na consciência.

4 Observe as partes em que não há nenhuma sensação particular, locais que parecem *neutros*... Permita apenas que sua experiência seja como é.

5 Agora leve a atenção para todas as áreas do corpo onde há *desconforto ou intensidade* – talvez dor, tensão ou dormência –, reconhecendo que essas sensações existem, e perceba suas reações a elas (talvez uma tensão), cuidando também dessas reações com consciência gentil.

6 Agora, enquanto está sentado e mantém todas essas sensações (agradáveis, neutras, difíceis) na consciência, observe como elas vão e vêm, como mudam e como seus pensamentos e suas emoções também vêm e vão, mudando junto com elas... Esteja ciente de que talvez queira que as sensações agradáveis permaneçam, que o desconforto desapareça e que possivelmente está ignorando os pontos neutros. Sem tentar mudar nada, apenas preste atenção ao momento presente e abarque-o com uma consciência gentil.

7 Volte a atenção para si, sentado na cadeira, com os pés firmes contra o chão, sentado em uma base sólida e firme. E agora leve essa gentileza consigo durante os próximos momentos de seu dia.

Uma das práticas semanais de Atenção Plena para se fazer em casa é observar as dificuldades de comunicação que encontramos. Isso não resolve cada item separadamente, mas serve para que percebamos os *padrões de reação* que podem influenciar o modo como nos comunicamos e interagimos com os outros. A comunicação é um processo de mão dupla, que se desdobra em formas que dependem do que cada um faz.

Seus padrões de reação

Por que não aplicar este questionário a si? Pense em algumas situações recentes nas quais foi estressante para você ter de se comunicar com alguém. Pergunte-se:

- Quais emoções você sentiu?
- Que pensamentos, imagens e lembranças estavam presentes no momento da comunicação?
- O que estava acontecendo no seu corpo?
- Quais foram suas reações e seus comportamentos em relação à outra pessoa e em relação a você?
- O que você percebe ao analisar essas lembranças agora?
- Quais padrões você percebe? Você é do tipo que explode? Ou do que acha difícil expor seu ponto de vista? Talvez você evite falar de problemas. Às vezes você reage de uma maneira e depois de outra? Isso depende da situação propriamente dita ou da pessoa com quem você está interagindo?

Ao observar sua reação em situações difíceis, talvez as seguintes histórias de cuidadores que fizeram curso de Atenção Plena signifiquem alguma coisa. Ambas demonstram como a Atenção Plena pode nos ajudar a entender nossos sentimentos e, talvez, também nos acalmar no convívio com as pessoas com as quais nos comunicamos, quando apresentam um comportamento desafiador. Mas a Atenção Plena também pode ajudar a assumir responsabilidades quando é preciso.

Tracey se tornou a cuidadora em tempo integral da mãe, em recuperação após um acidente vascular cerebral que a deixou parcialmente paralisada. Ajudá-la a se vestir e se alimentar não foi fácil, mas, juntas, elas contornaram a situação muito bem.

No entanto, após um segundo AVC, a mãe de Tracey já não conseguia fazer nada sozinha, e foi preciso contratar uma equipe de cuidadores. O quarto foi adaptado com uma cama especial e um dispositivo para tirar e recolocar a mãe de Tracey na cama. A equipe de cuidadores era bem-intencionada, mas estava sobrecarregada com várias outras pessoas para atender. Isso significava que Tracey nunca sabia o horário em que eles iam aparecer, e com frequência eles estavam com pressa para chegar ao próximo paciente.

Os horários haviam sido combinados de modo que Tracey pudesse continuar a frequentar aulas de arte – o único momento da semana em que podia sair e fazer algo para si. No entanto, a equipe de cuidadores muitas vezes chegava atrasada. Tracey estava cada vez mais chateada e irritada com essa situação, mas achava que suas manhãs longe dos deveres de cuidadora não eram tão importantes a ponto de fazer um grande alarde por causa disso.

Por fim, porém, Tracey decidiu que precisava dizer alguma coisa, por causa da maneira como estava se sentindo. Nervosa, ensaiou repetidas vezes o que dizer e como fazê-lo. Percebeu que tremia e notou que sua respiração estava pouco profunda.

Então ela se lembrou da meditação da montanha (ver pág. 176), que aprendera no curso de Atenção Plena e que mostrava como perceber em si as qualidades de uma montanha. Sentiu os pés firmes contra o chão, enraizados na terra; sentiu-se alta, firme e forte em sua posição.

Tracey percebeu a própria frustração e reconheceu quanto precisava daquele tempo precioso para si. Sentindo-se mais estável, disse à equipe de cuidadores que entendia que eles eram muito ocupados, mas que as aulas de arte eram uma tábua de salvação realmente importante. Eles ficaram surpresos com a intensidade dos sentimentos dela, mas foram compreensivos e disseram que tentariam chegar a tempo para que ela conseguisse ir para a aula.

Laura cuida do filho de 20 anos, Dan, que teve um acidente de moto há dois anos. Ele está em uma cadeira de rodas, e o dano em seu cérebro significa que esse jovem, antes tranquilo, agora está propenso a ter fortes oscilações de humor, o que é agravado pelo fato de que ele nem sempre entende o que está sendo dito. Às vezes parece impossível comunicar-se com Dan de forma que ele consiga entender e ajudar nas tarefas mais simples. Laura não sabe mais o que fazer.

Um dia, Laura tirou Dan do quintal mais cedo para ir a uma consulta no hospital. Normalmente ele ficava irritado por ter de parar o que estava fazendo e não entendia por que a consulta era importante. Ao antecipar a briga, Laura fez a respiração em três passos. Foi quando notou que estava se preparando para uma batalha. Ao manter essa tensão, percebeu uma sensação de peso no coração e descobriu que, por trás de sua frustração, havia uma imensa tristeza por si mesma e pelo menino extremamente independente que seu filho tinha sido. Ela sentiu a tensão se dissolver e carinhosamente colocou o braço em volta dele, dizendo: "Hora de entrar agora, Dan, e se arrumar para sua consulta no hospital". Para sua surpresa, ele também a abraçou. Laura percebeu que o fato de sempre esperar um confronto fazia a situação ficar pior. Pela primeira vez em muito tempo, ela havia simplesmente abraçado o filho, e a sensação de uma comunicação simples, sem palavras, foi muito boa.

Pedir ajuda

Pode ser muito difícil assumir que precisamos de ajuda. Podemos achar que fracassamos ou, também, acreditar que pedir ajuda reduzirá nossa capacidade de controlar a situação. Pode ser muito difícil ter cuidadores trabalhando – às vezes até morando – em casa e não saber quem vai chegar ou quando isso vai acontecer. A privacidade e a rotina ficam comprometidas, e os cuidadores podem ser pessoas que não achamos simpáticas ou mesmo agradáveis de ter por perto.

Pode ser bem fácil abandonar as atividades e as relações que realmente sustentam a nossa vida quando nos concentramos em cuidar de alguém. Durante as

aulas de Atenção Plena, somos incentivados a voltar a consciência para o que nos dá forças e o que nos esgota, e a incluir mais atividades de força, conexão e inspiração no cotidiano (consulte o exercício do balão de ar quente, pág. 173).

Uma descoberta importante que podemos fazer é a de que os outros podem ser realmente importantes para nos ajudar a cuidar de nós mesmos. Como lemos na história de Tracey (ver pág. 155), a Atenção Plena nos ajuda a encontrar estabilidade para expressar nossas necessidades e pedir essa ajuda.

Isso mostra a importância de perceber nossas dificuldades (uma das principais habilidades aprendidas na Atenção Plena). Só quando estamos aptos a perceber nossas dificuldades e a reconhecer como as coisas são é que podemos fazer escolhas sábias – foi o que ajudou Tracey a expressar suas necessidades quando conversou com a equipe de cuidadores e também o que ajudou Laura a se acalmar e fazer um gesto de amor em

Precisamos de camadas de ajuda, como uma pirâmide. É a camada de baixo que nos dá a base sobre a qual construímos as demais.

vez de permitir que sua frustração e irritação habituais assumissem o comando. Se não admitimos sentimentos dolorosos, como tristeza e raiva, arriscamo-nos a que eles nos envenenem ou nos isolem da afeição e da ajuda de que precisamos.

Senso de humor e riso

Muitos dos que participam de grupos de Atenção Plena dizem que foi importante conhecer pessoas com problemas e experiências semelhantes. Isso é mais verdadeiro ainda para grupos com tanto em comum, como os de cuidadores. É maravilhoso descobrir que os outros ficam frustrados e perdem o ânimo e então se culpam exatamente como nós. E quem mais pode compreender as complexidades de um coquetel de medicamentos ou de ser dependente de estranhos a não ser alguém que passa pelo mesmo problema? A partilha em um curso de Atenção Plena muitas vezes nos dá apoio, mas também pode levar a risadas, quando os cuidadores começam a entender os problemas cotidianos de forma mais leve, como parte de ser humano.

O riso pode ser uma cura em si, mas também é a marca de algo mais importante. Quando conseguimos rir de nós mesmos e de nossos problemas, nos afastamos e temos uma perspectiva mais ampla. O senso de humor que tantas vezes aparece nos cursos de Atenção Plena tem origem não apenas na experiência de vida em comum, mas também nas práticas com as quais o grupo está envolvido. Elas nos mostram como a mente trabalha, com frequência extraindo um humor irônico do fato de repetirmos a mesma atitude sempre. A capacidade de rir gentilmente *consigo*, e não *de si*, ajuda-nos a não levar a sério os problemas. Nossos problemas são parte do fluxo e refluxo da vida, e não algo que nos define – e isso pode ser muito saudável.

Praticando a Atenção Plena, percebemos que, assim como outros seres humanos, fazemos o melhor em circunstâncias muito difíceis. Começamos a entender que não estamos sozinhos (embora às vezes nos sintamos isolados). E, à medida que nossa confiança no apoio das práticas cresce, acreditamos que podemos trazer mais gentileza e sabedoria para a nossa vida.

09.

Atenção Plena e doença

Sarah Silverton

A Atenção Plena nos permite ver as coisas com mais clareza e responder com sabedoria e de maneira apropriada quando estamos doentes.

Nossas experiências com a doença

Ao longo do ano, a maioria de nós vai ter uma tosse ou um resfriado. Podemos ficar de cama por um dia ou dois, mas o mal-estar logo passa e esquecemos dele. Se tivermos sorte de em geral estar saudáveis, é quase certo que nos sentiremos mais ou menos bem a maior parte do tempo. No entanto, é surpreendente como a doença mais boba pode ter grande impacto sobre nossa vida. Você pode achar que esse efeito está diretamente relacionado com a gravidade da doença, mas os fatores que entram em jogo são bastante complexos. O que pensamos e sentimos e como encaramos o fato de estar doentes podem fazer uma grande diferença.

Além dos efeitos físicos da doença, também há os pensamentos e sentimentos sobre estar doente. Podemos sentir raiva, ressentimento, frustração ou medo. É provável que fiquemos ansiosos e até mesmo deprimidos, culpados ou envergonhados. A mente e o corpo são tão interligados que um afeta o outro diretamente. Assim, ao nos sentirmos doentes, a mente começa a analisar a situação, talvez repetindo o passado, criando histórias sobre o que poderia acontecer *se*... e também a organizar e planejar o futuro.

Pode ser útil pensar na doença como uma flecha que nos acerta e nos fere. Os sintomas realmente existem, e podemos ou não ser capazes de influenciar seu efeito com tratamento ou cirurgia. Podemos experimentar desconforto ou dor, cansaço ou fadiga, o que pode ter curta ou longa duração. Podemos saber que vamos nos recuperar com o tempo, ou podemos estar inseguros sobre como as coisas serão dali para a frente. O modo como reagiremos a essa situação determinará se existe uma segunda flecha. Essa nova flecha representa nossos pensamentos sobre a enfermidade e nossas reações emocionais e físicas: o significado que damos à doença. Essa segunda flecha pode ser igualmente – ou até mais – dolorosa para nós.

Já vimos como nós, seres humanos, reagimos às situações que achamos desagradáveis e às coisas que gostaríamos que fossem diferentes. Estamos projetados para nos desligar do que nos causa dor e para nos livrar das situações ameaçadoras. Assim, enquanto essa reação é esperada para todos nós como seres humanos e se destina a nos ajudar a lidar com a dificuldade, por meio da consciência percebemos como nossa reação pode estar, na verdade, tornando as coisas piores.

Sentir raiva e ressentimento de nossa situação também pode aumentar a tensão do corpo, alimentando, assim, a dor ou a fadiga. Se nos sentimos muito cansados ou estamos com dor, ficamos muito mais propensos a ter pensamentos sombrios ou preocupantes. Podemos gastar muita energia ao lutar contra a realidade de nossas experiências (por meio da negação ou de repetidos esforços para corrigi-las).

Como a Atenção Plena pode ajudar

A Atenção Plena pode nos ajudar a descobrir a melhor maneira de cuidarmos de nós mesmos nesse momento difícil da vida. Ela nos permite ver as coisas com mais clareza e encontrar maneiras de responder com sabedoria e de maneira apropriada à difícil situação em que nos encontramos, qualquer que seja a doença.

À primeira vista parece improvável que a Atenção Plena possa fornecer proteção contra doenças como o resfriado comum. No entanto, a pesquisa de Richard Davidson (ver pág. 22) constatou que as pessoas que praticam regularmente essa técnica podem melhorar sua imunidade contra vírus. Assim, parece que a Atenção Plena é capaz de fazer a diferença tanto para a primeira flecha quanto para a segunda.

Às vezes pode ser difícil separar as flechas em "primeira" e "segunda" em meio à turbulência de sensações, pensamentos e sentimentos. Quais aspectos da nossa condição somos capazes de influenciar e quais não? A prática da Atenção Plena pode nos ajudar a ver as coisas o mais claramente possível nesses momentos.

A Atenção Plena pode nos ajudar a descobrir a melhor maneira de cuidar de nós mesmos tendo em vista a situação do momento.

Danielle tinha 28 anos e todos os dias pegava o trem para o trabalho. Sua filha de 18 meses, Zoë, ficava em um berçário e parecia pegar todo tipo de doenças. "Nunca tive tantos resfriados na vida", Danielle dizia à mãe. "Parece que cada vez levo mais tempo para conseguir me curar. Eu me sinto exausta e desgastada o tempo todo – e estou realmente preocupada com o efeito disso em Zoë."

Para Danielle, estava claro que os resfriados não eram o único problema. Sim, ela apresentava alguns sintomas físicos desagradáveis. Talvez ela devesse realmente tomar remédios para tratar seus sintomas e reforçar sua imunidade (isso corresponde à primeira flecha; ver pág. 162). Mas Danielle também percebeu que estava se preocupando muito: "O que acontecerá se eu ficar doente? E se eu ficar tão mal que não possa ir trabalhar e perder meu emprego? E se eu ficar tão mal que não possa mais cuidar de Zoë? Pego todos esses resfriados porque Zoë está no berçário, quando deveria estar em casa comigo... É tudo culpa minha".

Danielle notou que uma das razões pelas quais se sentia tão exausta eram suas preocupações. Pensava na sua saúde e nas consequências de seus problemas de saúde, especialmente antes de dormir. Isso fazia com que fosse muito mais difícil ter a boa noite de sono de que precisava – e ela também se preocupava com isso. Ao que eram os sintomas de um resfriado comum – desagradável enquanto durava –, Danielle acrescentava pensamentos e sentimentos realmente ruins, que estavam afetando diretamente seu sono (essa era a segunda flecha; ver pág. 162).

Danielle descobriu que podia voltar a atenção à sua respiração repetidamente durante o dia. Notou que passou a se preocupar menos, que não estava deixando seus pensamentos assumirem o comando e que estava dormindo melhor. Ao escolher fazer dois exercícios simples, o da pausa na vida (ver pág. 166) e o da respiração do corpo (ver pág. 168), Danielle aprendeu a sair dos padrões habituais de pensamento e a estabilizar-se, ficando mais consciente e presente em sua vida. Os resfriados já não eram um problema porque ela era capaz de lidar com os sintomas físicos, e deixara de lado a flecha adicional do preocupar-se, do ver tudo como uma catástrofe, do julgar a si mesma.

Exercício: Pausa na vida

O melhor, neste exercício, é mantê-lo bem simples e breve. Você não vai fazer outra coisa a não ser parar e perceber com interesse genuíno o que está acontecendo – apenas por alguns momentos. Em seguida, retomará o que estava fazendo. Praticá-lo regularmente, às vezes todos os dias, pode ajudar você a desenvolver o hábito de dar um passo para trás e sair do piloto automático para estar aqui consigo.

Você pode optar por praticar este exercício toda vez que desempenhar uma determinada atividade rotineira, como ferver água para o café, lavar as mãos, fazer uma refeição, aguardar o computador ligar, lavar a louça, sair de casa ou entrar no carro.

Você também pode optar por praticá-lo sempre que notar que está "fora do eixo", sentindo-se agitado, ansioso, estressado, irritado ou chateado.

- Primeiro, *interrompa* o que estiver fazendo (mudando a marcha mental do fazer para o ser) e em seguida faça a si mesmo uma das seguintes perguntas:
- O que está acontecendo em mim neste momento?
- O que estou percebendo agora?

Lembre-se de que essa pausa é para perceber – não se trata de analisar ou de se livrar de quaisquer experiências de que não goste ou as quais não queira.

Exercício: Respiração do corpo

Esta prática pode ser feita em qualquer lugar, mas funciona muito bem quando estamos na cama – acordados à noite com a mente cheia de pensamentos, por exemplo, ou quando estamos doentes e precisamos ficar em repouso.

1 Perceba as sensações do contato do corpo com a cama e experimente a sensação do lençol sobre você e do travesseiro sob sua cabeça.

2 Conscientize-se do fato de que está respirando. Deixe que a respiração faça seu trabalho, sem a necessidade de alterá-la. Simplesmente sinta a respiração: expiração e inspiração.

3 Se quiser, você pode colocar as mãos sobre o abdômen, para sentir os movimentos de inspiração e expiração (você também pode dizer para si "entra", conforme o ar se move para dentro, e "sai", conforme ele é expelido).

4 Se a qualquer momento notar que sua mente está vagando, lembre-se de que não é um erro ou um problema – isso acontece e é o que a mente é projetada para fazer. Gentilmente apenas volte a atenção para perceber a respiração e as sensações de ondas de ar que fluem para dentro e para fora de seu corpo.

Mike trabalhava muitas horas seguidas e estava estressado. Nos últimos tempos, vinha se sentindo mais cansado do que o habitual. Foi ao médico, que decidiu submetê-lo a exames no hospital. Com isso, Mike passou a adicionar aos sintomas físicos suas preocupações, especialmente sobre os exames.

Mike decidiu experimentar uma prática de enraizamento (ver abaixo) algumas vezes por dia durante alguns dias. Realmente se concentrar em sentir os pés no chão o ajudava a sentir-se mais estável, calmo e equilibrado. Ele ficou surpreso ao perceber que algo tão simples poderia ser tão útil. Animado, decidiu fazer também o do barômetro físico (ver pág. 171), sobre o qual lera em um livro de Trish Bartley durante suas viagens de trem para o trabalho.

Mike percebeu que poderia usar essas práticas quando fosse ao hospital fazer os exames e enquanto esperava pelos resultados. Poderia voltar a sentir os pés no chão sempre que precisasse e foi assim que se sentiu mais "enraizado" e presente, naquele momento e naquele lugar. Monitorou seu barômetro com curiosidade gentil e isso o ajudou a lidar com a incerteza da espera dos resultados e com o diagnóstico. Percebeu que ficar preocupado não mudaria os resultados dos testes, mas ele próprio podia mudar o que sentia *naquele momento*. Aprender a trazer curiosidade e gentileza para sua experiência foi bem diferente de permitir que a frustração e o medo crescessem em sua mente e em seu corpo. Mike percebeu que poderia escolher cuidar de si na situação difícil em que se encontrava.

Enraizamento

Você pode praticar este exercício andando, em pé ou sentado. Você também pode praticá-lo à noite, por meio da percepção do contato de seu corpo com a cama.

- Mude sua atenção para as sensações em seus pés: explore em detalhes todas as sensações nos dedos, na sola e no calcanhar.
- Mova a atenção para a experiência da textura (talvez das meias ou dos sapatos), do contato (onde quer que você o sinta) e do peso de suas pernas e de seus pés.

Exercício: O barômetro físico

Se você já viu um barômetro antigo, sabe que, após bater de leve no vidro da frente, basta aguardar a agulha responder. Dependendo da maneira como a agulha se move, é possível prever o tempo. Podemos usar o corpo de maneira semelhante para que ele nos dê informações confidenciais sobre a previsão do clima "emocional" para nós. Este exercício leva apenas alguns minutos.

1 Foque uma parte do tronco – como a área do peito ou do abdômen ou algum lugar entre as duas – que para você seja especialmente sensível ao estresse, à tensão e às dificuldades.

2 Uma vez definida a parte do corpo, ela pode ser seu "barômetro físico". Escolhendo sintonizar-se com ela regularmente, você consegue perceber sensações diferentes em momentos diferentes. Quando sob pressão, sentindo-se ansioso, agitado ou frustrado, você pode perceber sensações de tensão, aperto, tremores ou desconforto. A intensidade dessas sensações varia de acordo com o nível de sua dificuldade. Explore essas sensações de forma gentil e com interesse amigável.

3 Conforme pratica, você pode aprender a tomar consciência de sensações muito sutis. Elas podem indicar o surgimento de algo muito antes de sua mente estar ciente disso.

Como lidar com a doença

Todos os dias, muitas pessoas passam pela dificuldade de receber o diagnóstico de uma doença. Nem sempre a doença terá um impacto grande na vida diária, mas muitas pessoas dizem que, quando receberam o diagnóstico, parecia que tudo tinha mudado. Naturalmente a doença propriamente dita pode afetar o grau dessa experiência. Mas nossa experiência passada, nossa compreensão, nossa história familiar, nosso estilo de vida e nossas aspirações também contribuirão com algum significado à notícia do diagnóstico.

Com frequência o diagnóstico pode trazer perguntas e talvez projeções de como será o futuro, com base, talvez, apenas em um conhecimento limitado. Muitas vezes há incerteza sobre o futuro e, na tentativa de lidar com isso, a mente pode tornar-se muito ativa, fazendo planejamentos para todas as eventualidades. Nesses momentos de dúvida e preocupação, a mente fica no cenário de um futuro incerto, e deixamos de estar perto do que é a nossa experiência do momento presente.

Seria ingênuo pensar que podemos estar sempre com nossa experiência apenas no momento presente, ignorando o futuro. Talvez precisemos fazer planos para lidar com nossa doença e responder a ela. No entanto, a Atenção Plena pode nos ajudar a ver os planos como eles são e que escolhemos gastar nosso tempo com isso. Quando eles estiverem prontos, poderemos escolher retornar a este momento. O exercício do balão de ar quente, na página seguinte, pode ajudá-lo a ver sua experiência atual mais claramente e de uma perspectiva mais ampla. Com a prática de abrir-se para o que está aqui – o difícil e o prazeroso – e abrindo espaço para que tudo seja como é, você aprende a ter um relacionamento diferente com a vida, tal como exploramos no exercício de dançar com a dificuldade (ver pág. 78).

Exercício: O balão de ar quente

Este exercício nos ajuda a explorar os detalhes de uma experiência exatamente como ela é neste momento. Ao fazê-lo, inclua o que realmente está aqui em sua experiência neste momento e tente resistir à tentação de incluir coisas do passado ou o que pode vir a acontecer no futuro. Traga à mente a imagem de um balão de ar quente (assentado no chão, com sacos de areia presos à cesta, inflado e pronto para voar) e pergunte a si quais são os aspectos de sua experiência atual que estão puxando você para baixo como sacos de areia no balão.

- Você tem dor ou algum desconforto físico? Está enfrentando dificuldades de locomoção? Existem desafios no gerenciamento de suas atividades cotidianas? Você sente fadiga ou cansaço?
- Você está enfrentando pensamentos preocupantes ou pessimistas sobre o futuro? Talvez lembranças estejam ocupando sua mente ou você esteja querendo que as coisas sejam como eram no passado. Talvez você esteja tentando entender por que algo aconteceu. Você está criticando ou se julgando sobre como está lidando com as coisas agora?
- Você sente raiva, ressentimento, tristeza ou frustração por se encontrar nesse estado?
- Nota outros "sacos de areia"?
- Agora passe um tempo identificando os aspectos de sua experiência – aqui, agora – que o deixam animado ou o ajudam. Como o ar quente no balão, eles podem ajudá-lo a se sentir mais leve e energizado. Podem ser as coisas de que você gosta, as maneiras como você pode cuidar de si mesmo, a ajuda que você tem de outras pessoas, as coisas que você valoriza em sua vida, as atividades que o ajudam a ter uma sensação de conquista e controle e que estão disponíveis hoje, as experiências de conforto e prazer em seu corpo neste momento, o que suas sensações estão dizendo conforme você vê, ouve, prova, cheira e sente as experiências que estão aqui.
- Pense em maneiras de liberar os sacos de areia ou de aumentar as experiências que deixam você mais leve neste momento.

Tornando-se um paciente

Pode parecer que há uma grande mudança em como nós e os outros nos vemos quando somos diagnosticados com uma doença. Às vezes pessoas com certas doenças ainda são chamadas de "sofredoras". Se estamos no papel de pacientes, com a agenda cheia de consultas, exames e investigações médicas, temos de lidar com profissionais de saúde e salas de espera em hospitais e clínicas. Já que contamos somente com o conhecimento e a experiência dos outros, acabamos sentindo que temos menos controle sobre as decisões em nossa vida.

O sistema médico pode nos estimular a nos concentrarmos em encontrar uma cura e nos livrarmos completamente da doença, por vezes elevando as expectativas de que isso seja possível. Quando temos sorte, o tratamento pode fazer nossos sintomas desaparecem. Mas em muitos casos não há solução completa, e o tratamento propriamente dito pode ser uma fonte significativa de dificuldade.

Os benefícios da Atenção Plena

Já vimos que, por estar mais atentos, podemos viver no momento presente. Podemos aprender a lidar com o que realmente está acontecendo quando estamos doentes e reduzir o impacto da segunda flecha que nossos pensamentos, nossas emoções, nossos comportamentos e nosso corpo reativo podem criar.

Nossa doença, temporária ou não, está aqui e produz efeito. Podemos não ser capazes de modificá-la neste momento, mas podemos ter influência sobre seu efeito por meio da consciência plenamente atenta. A prática regular da Atenção Plena permite que foquemos o que está aqui na nossa mente e no nosso corpo. Podemos desenvolver a confiança de lidar com a dificuldade assim que ela surge. Podemos encontrar um lugar estável e perceber que há inúmeros fatos da vida a serem apreciados e desfrutados, apesar de estarmos doentes. Podemos ter uma atitude de interesse amigável e não julgador com nós mesmos, aprendendo a cuidar de nós como de um bom amigo e escolhendo meios apropriados de responder e viver a vida de forma completa mesmo com a doença.

Outros exercícios

Meditação da montanha

Este exercício pode ajudá-lo a encontrar em si a estabilidade da montanha, seja qual for a sua situação.

- Em pé ou sentado no chão, endireite bem as costas e sinta o corpo bem apoiado no chão. Concentre-se nas sensações do momento.
- Perceba todo o seu corpo aqui, elevado e majestoso, com a espinha se alongando a partir da base firme. Mantenha a cabeça erguida.
- Perceba agora os movimentos da respiração por alguns minutos – a "vida" dessa respiração sendo expirada e inspirada.
- Agora traga à mente a imagem de uma montanha – talvez uma montanha que você conheça bem ou que já tenha visto em fotos, ou então imaginária.
- Permita que sua mente explore essa imagem por alguns instantes. Observe a grande base da montanha, onde ela se conecta à terra.
- Talvez você repare que a sua vida tem algumas dessas qualidades. Talvez você consiga até sentir em si a essência da montanha, imóvel e grandiosa.
- Perceba que todas as montanhas permanecem imóveis ao longo das estações. A montanha é aquecida pelo sol, congelada pela neve, golpeada por ventos fortes e encharcada pela chuva. Ela permanece imóvel, resiliente, digna e inalterada por tudo à sua volta.
- Conforme as experiências vêm e vão, busque a estabilidade mesmo diante das tempestades.
- Volte a sentir as sensações corporais do momento. Consegue perceber as qualidades da montanha em si ao continuar com as atividades de seu dia?

Varredura corporal dirigida a crianças

Esta prática funciona melhor se você usar um tom de voz suave e interessado. Primeiramente, fiquem à vontade, deitados ou sentados.

"Relaxe. Você pode fechar os olhos, se quiser.

Agora traga sua atenção para todas as partes do corpo que você sente tocando a cama [ou tapete, ou cadeira]*... a parte de trás dos calcanhares... atrás das pernas... as nádegas... as costas... os braços... os ombros... e a cabeça...*

E agora... sem tentar respirar de forma diferente, apenas perceba que sua respiração move suavemente seu corpo para cima e para baixo... Perceba os lugares do corpo onde você pode sentir a respiração... [ajuste seu ritmo do melhor modo]

Agora preste atenção aos pés [você pode tocar a área dos pés para ajudar a criança a focalizar a atenção ali]*... Perceba seus pés... Você consegue senti-los contra a cama?... Consegue sentir o cobertor sobre você?...*

Agora leve a atenção para as pernas... desde os tornozelos até as coxas... Você pode sentir como suas pernas são pesadas contra a cama? Consegue sentir o peso do cobertor sobre elas?...

Agora as costas... Sinta as costas contra a cama... Sinta sua respiração, o ar pressionando as costas...

Agora leve a atenção para a frente do corpo... a barriga e o peito ... Se quiser, pode colocar uma mão na barriga e a outra no peito e sentir seu corpo subindo e descendo conforme você respira...

Agora os braços... Sinta os braços e as mãos se movendo para cima e para baixo sobre a barriga à medida que você respira... Sinta o peso dos braços em seu corpo... Perceba se eles estão quentes ou frios... Talvez eles estejam diferentes em partes diferentes...

Agora preste atenção à sua cabeça, sentindo o peso dela no travesseiro.

Finja que consegue inspirar através do corpo todo até os dedos dos pés conforme você inspira... e conforme você expira, todo o caminho de volta para sua cabeça, nariz e boca. Agora que você já deu atenção ao corpo, apenas perceba qual é a sensação de fazer isso."

Outros recursos

SOBRE A TERAPIA COGNITIVA COM BASE NA ATENÇÃO PLENA

Conforme descrito no capítulo 1, a Terapia Cognitiva com Base na Atenção Plena (MBCT), desenvolvida por Zindel Segal, Mark Williams e John Teasdale, serve especificamente para pessoas que no momento estão bem, mas têm um histórico de episódios de depressão. Essa técnica tem sido pesquisada e descobriu-se que ela reduz aproximadamente pela metade a probabilidade de recidivas de depressão – uma taxa de sucesso semelhante à dos medicamentos antidepressivos. O National Institute for Health and Clinical Excellence – NICE, do Reino Unido, recomenda a MBCT como tratamento de escolha para a prevenção de recaídas em pessoas com histórico de três ou mais episódios de depressão. Willem Kuyken (ver pág. 17) também vem realizando pesquisas comparando a MBCT com a medicação antidepressiva, e os primeiros resultados sugerem que a MBCT pode ser pelo menos tão eficaz quanto os remédios.

Não há também nenhum conflito entre as aulas de Atenção Plena e a medicação antidepressiva. Portanto, é possível explorar essa técnica como uma maneira de compreender e responder à sua depressão enquanto você ainda tem o apoio dos antidepressivos.

WEBSITES

Os sites listados na página seguinte oferecem:

- informações úteis sobre Atenção Plena
- informações sobre aulas de Atenção Plena e cursos com professores experientes

Center for Mindfulness in Medicine, Health Care, and Society, University of Massachusetts Medical School [Centro para a Atenção Plena em Medicina, Saúde e Sociedade da Faculdade de Medicina da Universidade de Massachusetts], Worcester, Massachusetts, EUA
http://www.umassmed.edu/cfm (em inglês)

Centre for Mindfulness Research and Practice, School of Psychology, Bangor University [Centro para a Investigação e a Prática da Atenção Plena, Faculdade de Psicologia da Universidade de Bangor], País de Gales, Reino Unido
http://www.bangor.ac.uk/mindfulness (em inglês)

Centro de Vivência em Atenção Plena (Oferece programas, palestras e workshops)
http://www.atencaoplena.com

Núcleo Mente Aberta (Programa de extensão da Universidade Federal de São Paulo – UNIFESP)
http://www.mindfulnessbrasil.com

Oxford Centre for Mindfulness [Centro Oxford para a Atenção Plena], Oxford, Reino Unido
http://oxfordmindfulness.org (em inglês)

Índice remissivo

Agradecimentos

Quero oferecer meus sinceros agradecimentos a todos os meus professores de Atenção Plena. Meu contínuo desenvolvimento nos exercícios, a compreensão e o compromisso para este trabalho se devem diretamente à enorme sabedoria e apoio de Jon Kabat-Zinn, Mark Williams, Melissa Blacker, Pam Erdmann, Ferris Urbanowski, Cindy Cooper e David Rynick. Agradeço também a John e Leah por seu apoio, por construírem um espaço criativo para eu escrever e por terem paciência quando o trabalho não me permitiu passar mais tempo com eles. Sou grata a minhas coautoras, Eluned e Vanessa, com quem tive verdadeiro prazer de trabalhar neste livro. Trish Bartley, Elaine Weatherly-Jones, Mariel Jones e outros da equipe de professores do Centre for Mindfulness Research and Practice [Centro para Investigação e Prática da Atenção Plena], por terem oferecido inspiração crucial e orientação durante o desenvolvimento do livro e, especialmente, do capítulo sobre doença. Por último, agradeço a Sandra Rigby, Fiona Robertson, Suzanne Tuhrim, Jane McIntosh e os demais membros da equipe da Duncan Baird, por seu entusiasmo e sabedoria na condução do projeto.

CRÉDITO DAS IMAGENS

Os editores gostariam de agradecer às seguintes pessoas, museus e bancos de imagens pela permissão para reproduzir seu material. Todo o cuidado para rastrear os detentores de copyright foram tomados. No entanto, se omitimos alguém, pedimos desculpas e faremos, se informados, correções em qualquer edição futura.

Legenda: Getty = Getty Images, DBP = Duncan Baird Publishers, Londres

Págs. 5–9 teekaygee/Shutterstock; **11** CLM/Shutterstock; **15–16** Image Werks/Corbis; **20** Jules Selmes/DBP; **21** teekaygee/Shutterstock; **25–6** CLM/Shutterstock; **27** Darrell Gulin/Corbis; **31–8** Fotosav/Shutterstock; **39** Pat O'Hara/Corbis; **40** teekaygee/Shutterstock; **43** Josh Westrich/Corbis; **44** teekaygee/Shutterstock; **47–50** Simon Smith & Toby Scott/DBP; **53** MECKY/Getty; **55–60** Jules Selmes/DBP; **63** Charriau Pierre/Getty; **65–9** Jules Selmes/DBP; **71–3** teekaygee/Shutterstock; **78** Jules Selmes/DBP; **81** Nigel Blythe/Robert Harding World Imagery/Corbis; **89** Giorgio Fochesato/Getty; **90** teekaygee/Shutterstock; **93–4** Nigel Blythe/Robert Harding World Imagery/Corbis; **96** Image Werks/Corbis; **99** George Doyle/Getty; **101** Serp/Shutterstock; **105** teekaygee/Shutterstock; **109** George Doyle/Getty; **111** Martin Ruegner/Getty; **113** Image Werks/Corbis; **115** Stockbyte/Getty; **119** Zac Macaulay/Getty; **124** Nils Hendrik Mueller/Getty; **126** Image Werks/Corbis; **127** Jules Selmes/DBP; **131** PIER/Getty; **133** Image Werks/Corbis; **135** PIER/Getty; **136** BestPhotoByMonikaGniot/Shutterstock; **138** Lauren Burke/Getty; **145** Gyro Photography/amanaimages/Corbis; **148** Image Werks/Corbis; **151** Gyro Photography/amanaimages/Corbis; **152** Andy Crawford/Getty; **153** Jules Selmes/DBP; **154** Image Werks/Corbis; **155** Jules Selmes/DBP; **157** Mark Scoggins/Getty; **161** Gerolf Kalt/Corbis; **164** teekaygee/Shutterstock; **167** Charles C. Place/Getty; **168** Jules Selmes/DBP; **170** Ocean/Corbis; **171** Jules Selmes/DBP; **173–4** Gerolf Kalt/Corbis.

SOLUÇÃO PARA O ENIGMA DA PÁGINA 121

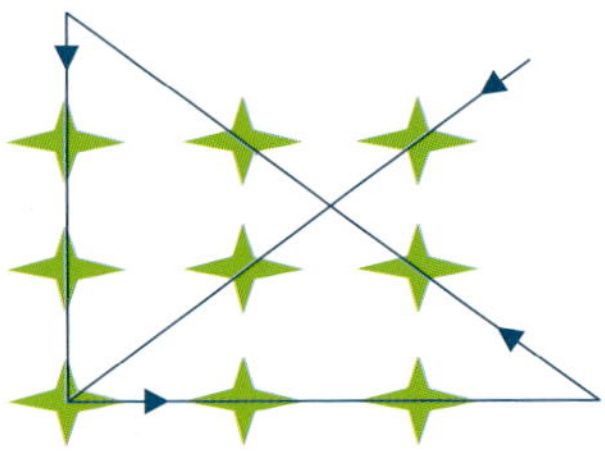